Matrimonio FELIZ

Matrimonio
FELIZ

EL ARTE Y LA CIENCIA
PARA LA FELICIDAD

Drs.
Les y Leslie Parrott

www.EditorialNivelUno.com

Para vivir la Palabra

Para vivir la Palabra

MANTÉNGANSE ALERTA;
PERMANEZCAN FIRMES EN LA FE;
SEAN VALIENTES Y FUERTES.
—1 CORINTIOS 16:13, NVI

Edición en español © 2018 Editorial Nivel Uno, una división de Grupo Nivel Uno, Inc.

Publicado por:
Editorial Nivel Uno, Inc.
3838 Crestwood Circle
Weston, Fl 33331
www.editorialniveluno.com

Publicado en inglés bajo el título:
MAKING HAPPY por LES AND LESLIE PARROTT
Publicado por Worthy Publishing
One Franklin Park, 6100 Tower Circle, Suite 210
Franklin, TN 37067
copyright © 2014

ISBN: 978-1-941538-43-2

Desarrollo editorial: *Grupo Nivel Uno, Inc.*
Diseño interior y portada: *Grupo Nivel Uno, Inc.*

Impreso en USA

18 19 20 21 22 VP 9 8 7 6 5 4 3 2

A Corey y Mia Hays.

Una de las parejas más felices que conocemos.

Y una pareja que ha traído felicidad

sin fin a nuestra familia.

- ¿Sabes lo que puedes hacer instantáneamente para que tu relación sea más feliz desde hoy mismo?

- ¿Sabes cómo contrarrestar los efectos inevitables de suponer que todo marcha bien?

- ¿Estás usando la felicidad para construir un muro que proteja tu relación?

- ¿Conoces el modo más sencillo de asegurarte de que tu pareja esté más feliz hoy que ayer?

- ¿Estás evitando el error más común que las parejas cometen al buscar la felicidad juntos?

- ¿Pensabas que el matrimonio te haría feliz en vez de hacerlo feliz tú?

- ¿Estás listo para profundizar en tu relación siendo feliz en el amor?

Matrimonio feliz

revela las respuestas a estas y muchas preguntas más.

Contenido

«La mayor felicidad en la tierra es la del matrimonio».

William Lyon Phelps

Atrapado en un sentimiento

El conocimiento de lo que es posible es
el comienzo de la felicidad.

George Santayana

Puede que no sepa su nombre, pero Jason McElwain hizo felices a muchas personas. Era un joven autista, estudiante de secundaria en Rochester, Nueva York, que deseaba pertenecer al equipo de baloncesto de la escuela, pero debido a su condición estaba muy lejos de lograrlo. Sin embargo, su pasión era el deporte, por lo que el entrenador dejó que ayudara como «jefe de equipo». Jason se tomó el trabajo muy en serio y se ganó el respeto de sus compañeros de clase. Incluso vestía una camisa blanca y una corbata negra en cada juego, mientras se sentaba en el extremo del banco y les suministraba toallas y agua a los jugadores.

En su último año, el entrenador hizo algo inesperado. Puso a jugar a Jason en un partido con cuatro minutos y diecinueve segundos restantes para concluir. La multitud en el gimnasio de la escuela secundaria se puso frenética, coreando el nombre de Jason.

Jason hizo su primer lanzamiento, pero la pelota pasó a casi dos metros del aro. Sin embargo, un minuto después recuperó el balón e hizo una anotación de tres puntos que encendió el fuego entre los asistentes.

Eso no fue lo único que hizo Jason. Siguió disparando y siguió encestando. Anotó veinte puntos en cuatro minutos durante su único juego. Hizo seis triples, un verdadero récord escolar.

En un videoclip de noticias, el entrenador Johnson se emocionó contando una y otra vez la historia de Jason. «En veinticinco años de entrenador nunca he sentido tanta emoción como en ese juego —dijo—. Simplemente comencé a llorar». Y él no fue el único. El videoclip se extendió como un reguero de pólvora a través de las redes sociales con más de tres millones de visitas y comentarios como:

«¡Oh, no, estoy llorando en el trabajo!»

«Sorprendente. Estoy compartiendo esto en Facebook».

«Algo así necesitábamos. ¡Gracias!»

Casi todos los que veían a la multitud exaltada irrumpir en la cancha alzando a Jason sobre sus hombros, tras su último triple, lloraban de felicidad. ¿Por qué? Porque no puedes evitar despertar emocionalmente. La felicidad emergente en el gimnasio es contagiosa. Quieres compartir eso con otros.

Les hemos mostrado el videoclip a los estudiantes en nuestras clases universitarias, muchos de los cuales ya lo han visto y, literalmente, vuelven a animarse y a aplaudir. Cuando se les pide que describan sus sentimientos, escuchamos palabras como: asombro, deleite, emoción, sorpresa. Pero, sobre todo, vemos que están felices.

El espíritu humano anhela manifestarse. Queremos un empujoncito que nos lleve a la felicidad. La capacidad de elevarnos por encima de las circunstancias que Dios nos dio es lo que nos hace eufóricamente humanos. Y, de acuerdo a una creciente investigación científica, la felicidad no es solo fundamental para nuestras relaciones y nuestro bienestar, sino que no depende de algo como la euforia de McElwain que llega a nuestro correo electrónico.

Levantar nuestros espíritus, por dicha, no depende de encontrar milagros en YouTube como la experiencia deportiva de Jason, o el asombroso solo de la vocalista Susan Boyle en Britain's Got Talent, o el fenomenal aterrizaje del avión en el río Hudson, en Nueva York, pilotado por Sully Sullenberger. La felicidad, del tipo que perdura, ciertamente no depende de obtener una promoción laboral o ganar la lotería. En efecto, la mayoría de las cosas que creemos que nos harán más felices no lo hacen. Los humanos resultamos ser extraordinariamente malos a la hora de predecir nuestra propia felicidad (de lo que trataremos más adelante).

¿No se supone que el matrimonio nos haga felices?

Uno de los mitos más fuertes en cuanto a la felicidad es la noción de que cuando encontramos a la pareja perfecta y decimos: «Sí, lo prometo», tendremos como un escudo que protege nuestra felicidad. Y así ocurre, por poco tiempo. Sin dudas, el matrimonio nos hace felices. El problema es que el matrimonio —aun cuando al inicio la satisfacción parezca perfecta— no nos hará intensamente felices mientras creamos que debe ser así. Los estudios revelan que el impulso de la felicidad conyugal dura un promedio de dos años.[1]

Por desdicha, cuando esos dos años terminan —y la meta que nos trazamos de encontrar al compañero ideal no nos ha hecho tan felices como esperábamos—, a menudo sentimos que algo anda mal con nosotros o que somos los únicos en sentirnos así. Pero nos equivocamos. Así es el curso común del amor. Y si no se atiende, si no estamos siendo felices juntos deliberadamente, nuestra relación sufrirá. Sin embargo, si giramos el dial en la dirección correcta para aumentar nuestro factor de felicidad en el amor, nuestra relación fructificará.

La felicidad, para un matrimonio, es como un signo vital. Es el ritmo cardíaco del amor. Al igual que todos los signos vitales, puede fluctuar. Pero, como todos los signos vitales, tiene un punto establecido, un nivel al cual se esfuerza por volver. Para las parejas saludables que hacen las cosas correctas, ese punto de ajuste es alto. Y cuando se hace bien, la relación conyugal es un mejor vaticinador de la felicidad que tener dinero o hijos.

Este libro, *Matrimonio feliz*, está dedicado a ayudarte a mantener la vitalidad del signo de la felicidad en tu relación, en forma saludable y fuerte. ¿Cómo lo haremos? No con la psicología del sillón. Las estrategias y principios de este libro se basan en una cantidad sorprendente de investigación sólida y comprobada.

La nueva ciencia de la felicidad

Los psicólogos siempre han estado interesados en las emociones, pero en las últimas dos décadas los estudios se han multiplicado, y una de las emociones que esos profesionales han estudiado más intensamente es la felicidad, un tema que anteriormente estaba en manos exclusivas de filósofos y poetas. Incluso economistas y neurocientíficos se han unido a la fiesta de la felicidad. Todas estas disciplinas tienen intereses distintos pero cruzados: los psicólogos quieren entender cómo las personas se sienten felices; los economistas desean conocer el valor de la felicidad; y los neurocientíficos anhelan saber cómo el cerebro humano procesa y produce felicidad.

Tenemos tres disciplinas interesadas en un solo tema, al punto que lo han puesto en el mapa científico. Los artículos sobre la felicidad ahora se publican en las revistas especializadas más prestigiosas, los académicos que estudian la felicidad están ganando premios Nobel, e incluso los gobiernos de todo el mundo se apresuran a medir y aumentar la felicidad de sus ciudadanos. La felicidad es uno de los objetivos más preciados de la vida. En todos los continentes, en todos los países y en todas las culturas, cuando se les pregunta a las personas «¿Qué es lo que quieren?», la respuesta más popular es: «felicidad». Cuando se les pregunta a los padres «¿qué es lo que más desean para sus hijos?», la respuesta a menudo es: «que sean felices».

Y cuando se les pregunta a las parejas sobre el tipo de relación que más desean, mencionarán que ser felices juntos. «El feliz estado del matrimonio», dijo Benjamin Franklin, «es la base más segura y duradera del bienestar y el amor». Oliver Wendell Homes agregó: «El amor es la llave maestra que abre las puertas de la felicidad».

Cómo hacerse felices juntos

Sin dudas, el amor y la felicidad juntos orquestan una hermosa melodía. Pero, a decir verdad, la felicidad se hace escasa para muchas parejas carentes de tiempo y privadas de sueños. Y la razón, sospechamos, es que no trabajan en eso, o probablemente, no saben cómo hacerlo. La felicidad, después de todo, no es algo que sucede, es algo que tú construyes.

Algunos incluso lo abandonan por esta misma razón, diciendo: «Ya no somos felices». ¿En serio? ¿Se supone que casarte te hará feliz? No. Así no es como funciona el asunto. El matrimonio no te hace feliz; tú haces feliz a tu matrimonio. Como dice el refrán: «trae tu ánimo contigo». El matrimonio feliz no depende de las circunstancias correctas o de la persona perfecta. El matrimonio feliz es el resultado de dos personas que se comprometen a hacer juntos una vida feliz y amorosa.[2]

De vez en cuando nos encontramos con alguien que intenta argumentar que buscar la felicidad es un acto egoísta. Claro que entendemos ese pensamiento. Después de todo, en nombre de la felicidad se hacen muchas cosas tontas y francamente egoístas. Muchos consejeros matrimoniales darán fe de haber escuchado algo como esto: «No soy feliz en este matrimonio; Dios quiere que sea feliz; por lo tanto, quiero acabar con este matrimonio». Esta perspectiva egocéntrica confunde al hedonismo con la felicidad. Creen que se supone que sus circunstancias los hagan felices. Persiguen el placer a costa de lo que sea. No te enamores de esa mentira. El hedonismo no tiene que ver con la felicidad. El hedonismo, cuyo objetivo es maximizar el placer, carece de significado por completo. Y el significado, como verás en la primera parte de este libro, es un ingrediente vitalmente importante de la verdadera felicidad. Es un hecho, no solo un sentimiento bíblico: encontrarás más felicidad al entregarte a ti mismo que al satisfacer cualquier placer egocéntrico.

Nuestro viejo amigo Gary Thomas, autor de *Matrimonio sagrado* y muchos otros libros, es muy conocido por hacer esta pregunta: «¿Y si Dios diseñó el matrimonio para hacernos santos en vez de felices?» ¿Cómo podría ser de otra manera? La búsqueda de la santidad no puede sino traer felicidad y alegría duraderas. ¿Por qué? Porque la santidad —consagrarse a la manera de ser de Dios—, implica significado y amor. Y la verdadera felicidad nunca se logra sin ella. Cuando sembramos santidad, cosechamos felicidad.

A decir verdad, las personas felices son personas más amorosas, lo opuesto a lo egoísta. Cuando obtenemos la verdadera felicidad, nos hace más sociables y generosos; aumenta cuánto nos gustamos a nosotros mismos y a nuestro compañero. La felicidad mejora nuestra capacidad para resolver conflictos. En conclusión: la felicidad nos hace más amorosos y amables. Esa, en pocas palabras, es la razón por la que escribimos este libro.

Lo que este libro hará por ti

¿Por qué escribir un libro sobre la felicidad y el amor? Porque la investigación emergente de la neurociencia y la psicología hace que el vínculo entre una relación próspera y ciertos comportamientos felices sea absolutamente claro. Hemos aprendido mucho sobre lo que hace felices a las parejas, por lo que pusimos a trabajar esos principios en nuestro propio matrimonio, y seríamos muy estúpidos si no compartiéramos ese conocimiento.

Es por eso que este libro es una guía práctica. Hemos revisado todos los estudios científicos que pudimos hallar sobre la felicidad a fin de extraer lo mejor de lo que sabemos que funciona para hacer y mantener la felicidad en el matrimonio. Y nos hemos conformado con *media docena de cosas que refuerzan la felicidad,* las cuales seguramente ayudarán a tu relación. Estas son las seis esferas que sabemos que las parejas pueden usar para obtener los mejores resultados:

- *Cuenta tus bendiciones*: nada puede aumentar la felicidad más rápidamente en una relación que la gratitud mutua.
- *Prueba cosas nuevas*: es fácil caer en una rutina o incluso en la monotonía, ese es un factor que destruye la felicidad, así que tienes que evadir eso.
- *Sueña*: el momento en que las dos personas dejan de mirar al futuro —juntas— es cuando se vuelven vulnerables a la insatisfacción.
- *Elogia a tu cónyuge*: todos aplaudimos las cosas grandes, pero son los detalles pequeños e inesperados los que pueden fortalecer o destruir la felicidad de la pareja.
- *Afina tu espíritu con el de tu par*: el alma de cada matrimonio ansía una conexión y un significado más profundo; de modo que cuando encuentra eso, la felicidad abunda.

- *Dale valor a los demás*: cuando una pareja hace el bien más allá de los límites de su matrimonio, la bondad envuelve su relación como nunca antes.

Estos son los seis refuerzos que exploraremos juntos, los cuales han de brindarte formas prácticas para que los incorpores plenamente a tu relación. Y debemos decir esto de manera directa: este libro no trata de introducir cambios que impliquen más tiempo, energía o dinero. Forjar la felicidad es, en muchos sentidos, más fácil de lo que piensas.

Queremos que esta obra sea interactiva para los dos (e incluso para otras parejas si lo están usando en un grupo pequeño). Es por ello que hemos proporcionado preguntas al final de cada capítulo. Esperamos que separen un tiempo para que las respondan juntos. Al comentar, no solo leer, el libro entre sí, el contenido será mucho más personal; por lo que las raíces de su relación profundizarán más.

En la última sección del libro verás que también brindamos un plan de tres semanas para alcanzar la felicidad. Proporcionamos, literalmente, una pequeña asignación para cada uno de los veintiún días de este plan. Hemos comprobado que funcionan. Nosotros lo hemos practicado, además de las innumerables parejas a las que hemos enseñado. Te encantará este plan. Es seguro que le inyectará una alegría más profunda y más felicidad a tu matrimonio. En resumen, garantizará que los dos sean más felices.

Nuestra esperanza y nuestra oración por ti

Hemos escrito cada palabra de este libro pensando en ti. Queremos que descubras —de manera profunda y duradera— la alegría en tu relación. Queremos que te alegres como nunca antes. ¿Por qué? Simplemente porque no puedes suponer que el matrimonio debe ser feliz. En circunstancias normales, a pesar de lo que pienses, no vivirás feliz para siempre. Todos conocemos las espantosas estadísticas del divorcio. Pero, ¿alguna vez has considerado todas las parejas que permanecen juntas en un matrimonio insatisfecho e infeliz? Uno de los hallazgos más congruentes en la investigación sobre el matrimonio revela que la satisfacción matrimonial disminuye a lo largo del matrimonio. Muchas parejas se acostumbran a sentirse abatidas, malhumoradas y cada vez más insatisfechas en su relación, sin hacer algo al respecto. Y, con demasiada frecuencia, las parejas relativamente felices no saben cómo pasar de sentirse bien a sentirse mejor en su relación.

Así que recuerda esto al comenzar a leer este libro: no puedes contar con que el matrimonio te hará feliz. Al contrario, tú *forjas* tu felicidad en el matrimonio. A menos que hagas tu parte, es probable que la relación con la que contabas que te hiciera feliz te deje con la boca abierta. Pero cuando trabajas con tu cónyuge, construyes un saludable cerco de protección alrededor de lo que amas. Tu matrimonio no solo llegará lejos, sino que pondrá una enorme sonrisa en sus rostros.

Les y Leslie Parrott
Seattle, Washington

PRIMERA PARTE

Ventajas de la felicidad para las parejas

1

Empieza a ser feliz

La felicidad no es un estado de ánimo.
Es un estilo de vida.

Noel Smogard

La lista de estudiantes famosos de los sacros recintos de la Universidad de Harvard es larga: John Hancock, Ralph Waldo Emerson, Helen Keller, Leonard Bernstein, John F. Kennedy, George W. Bush, Barack Obama y Mark Zuckerberg, para nombrar solo algunos. Es lógico. Después de todo, la escuela tiene una larga historia. Y como la institución de educación superior más antigua de los Estados Unidos, fundada en 1636, Harvard está muy arraigada en la tradición y en el protocolo. Pero no tanto como podrías suponer.

A partir de 2006, dos profesores, Tal Ben-Shahar y Shawn Achor, ofrecieron un curso no convencional que sigue siendo la clase más popular en el campus, con una asistencia de unos mil quinientos estudiantes por semestre. Ningún curso ha registrado tales números en Harvard. Ni antes ni después.

El profesor Achor admite que él y Ben-Shahar se han sorprendido por su popularidad. Nunca soñaron que a tantos estudiantes les interesaría lo que están enseñando: *la felicidad*. Pero les interesa.

> La mayor parte de nuestra felicidad o miseria depende de nuestras disposiciones, no de nuestras circunstancias.
>
> *Martha Washington*

La «Ciencia de la Felicidad», el título oficial del curso, a menudo se denomina Felicidad 101 y, como dice el plan de estudio, se enfoca en los «aspectos de una vida satisfactoria y floreciente». Recuerda, se trata de la Universidad de Harvard, la escuela conocida por sus altos estándares y rigurosos requisitos. ¿Cómo podrían tomarse en serio un curso sobre un tema tan cursi?

Hablemos en serio sobre la felicidad

Saber que Harvard estaba ofreciendo un curso sobre la felicidad hizo que algunos académicos de otras augustas instituciones de todo el país arquearan una o sus dos cejas. Algunos escépticos creían que aquello era un engaño. Cuando Tal Ben-Shahar apareció como invitado en el programa televisivo *The Daily Show con Jon Stewart*, este le preguntó: ¿Cómo es posible que una escuela con tanto prestigio académico se pueda dar el lujo de dar una clase tan vana como esa? Ben-Shahar respondió: «Es que ahora tenemos la ciencia de la felicidad».[1]

Y trabajamos en eso. La palabra *ciencia* aparece en el título del curso. Pero es más que semántica. La cantidad de estudios especializados sobre la felicidad se ha disparado en las últimas dos décadas. Hasta hace poco, los innumerables estudios producidos por científicos sociales se habían dirigido al extremo de la experiencia humana: ansiedad, depresión, neurosis, obsesiones, paranoia, delirios y depresión.

¿Por qué? Todo comenzó hace unos cien años con un médico en Viena, Austria.

El doctor Freud

Sigmund Freud, el padre del psicoanálisis, no era un tipo feliz. Veía a los seres humanos como criaturas problemáticas que necesitaban reparación. El propio Freud era profundamente pesimista con la naturaleza humana; decía que estamos gobernados por profundos y oscuros impulsos que apenas podemos controlar.

B. F. Skinner y los conductistas que siguieron a Freud no fueron más felices, veían la vida humana como mecánica, robótica: los humanos eran seres pasivos moldeados sin piedad por estímulos, recompensas o castigos.

En efecto, algunos de los experimentos más conocidos de la psicología demostraron que las personas normales podían volverse fríamente insensibles al sufrimiento e incluso a ser cruelmente sádicas. Las fuentes de recursos investigativos se dirigieron a temas como el *conformismo*, la *neurosis* y la *depresión*.

El *Libro completo de la psiquiatría*, llamado la biblia de la psiquiatría, es un costoso volumen que tiene quinientas mil líneas de texto. Hay miles de líneas sobre la ansiedad, la depresión; y cientos de líneas sobre el terror, la vergüenza, la culpa, el enojo y el miedo. Pero

> La gran enfermedad occidental es: «Seré feliz cuando... Cuando tenga dinero... cuando tenga un auto BMW... cuando tenga el trabajo ideal». Sin embargo, la realidad es que ese cuando nunca llega. La única forma de encontrar la felicidad es comprender que ella no está allá. Está aquí. Ni tampoco es para la próxima semana. Es ahora.
> *Marshall Goldsmith*

solo tiene cinco líneas sobre la esperanza, una línea sobre la felicidad y ninguna sobre la compasión, la creatividad, el perdón, la risa o el amor. Desde el principio y durante casi un siglo, los científicos sociales han tenido poco que decir acerca de las virtudes positivas. Pero ya no más. Algo sucedió en 1998 que cambió todo.

¡Día feliz!

Cuando el psicólogo Martin Seligman de la Universidad de Pensilvania fue elegido presidente de la Asociación Estadounidense de Psicología por el mayor voto en la historia de la organización, pronunció un poderoso discurso a sus colegas. En una agradable noche de octubre en Carolina del Norte, su mensaje fue claro y contundente: quería que los psicólogos ensancharan su pobre enfoque en el tratamiento de las enfermedades mentales e incluyeran la promoción de la salud mental. El mismo mes, en el boletín de la organización, escribió un artículo titulado: «Construyamos la fortaleza humana: la misión olvidada de la psicología» y dijo: «La psicología no es solo el estudio de la debilidad y el deterioro personal, sino también el análisis de la fuerza y la virtud inherentes al individuo. El tratamiento no es solo para arreglar lo que está mal, sino además para alimentar lo que está algo mejor dentro de nosotros mismos».[2] No cabe duda de que lo que Seligman más quería era un nuevo día, un cambio radical, una transformación o incluso una revolución en su profesión. Y lo consiguió.

> Mi felicidad crece en proporción directa a mi aceptación e inversa a mis expectativas.
>
> *Michael J. Fox*

El discurso de Seligman y el trabajo posterior dieron lugar a un nuevo movimiento entre los científicos sociales que ahora se conoce como «Psicología Positiva».[3] Como evidencia, encontrarás revistas científicas dedicadas a ello, recaudaciones masivas, innumerables estudios y cientos de cursos como el de felicidad en Harvard. La patología, por supuesto, aún capta mucho dinero para las investigaciones, pero una nueva ola científica ha arrojado una asombrosa cantidad de luz sobre las virtudes positivas y las cualidades de carácter a las que aspiran la mayoría de los seres humanos.[4]

No obstante, antes de avanzar más, asegurémonos de saber de qué estamos hablando cuando nos referimos a felicidad.

Definición de felicidad

La búsqueda seria de la felicidad no es nada nuevo, por supuesto. Pensadores clásicos como Sócrates, Platón y Aristóteles prestaron mucha atención a ese tema. Además todos los idiomas, sin excepción alguna, incluido el griego antiguo, tienen una palabra para *felicidad*. Sin embargo, aunque usamos la misma palabra, a menudo no queremos decir lo mismo con ella.

La gente antes de finales del siglo diecisiete pensaba que la felicidad era una cuestión de suerte o favor divino. Incluso la raíz de la palabra *felicidad, hap*, significa «casualidad». La felicidad no era algo que pudieras controlar. Era dictada por el destino o la fortuna. La felicidad literalmente se manifestaba y estaba fuera de nuestras manos.

Hoy pensamos más en la felicidad como una habilidad que se puede desarrollar. Los padres fundadores de los Estados Unidos, en efecto, dejaron en claro que la felicidad era un derecho a *perseguir*. Esta nueva forma de pensar promovió sentimientos humanitarios más nobles: la creencia de que el sufrimiento

> El éxito es obtener lo que quieres, la felicidad es querer lo que obtienes.
>
> *W. P. Kinsella*

es intrínsecamente erróneo y que todas las personas, en todos los lugares, deberían tener la oportunidad de ser felices.

Sin embargo, esa nueva forma de pensar acerca de la felicidad también implica un desafío. Cuando la felicidad se convierte en un *derecho*, deja de ser algo que se gana a través del cultivo moral y que se logra en el curso de una vida bien llevada. Más aun, corre el riesgo de convertirse en algo que está «ahí», que no solo es perseguido, sino también atrapado y consumido. Y es entonces que la búsqueda de la felicidad puede causar problemas.[5]

Antes de bosquejar la felicidad un poco más, hagamos una pausa por un momento. Pregúntate: ¿Cómo defines una vida feliz? ¿La estás viviendo? Piensa cuidadosamente en esto puesto que tu definición de *felicidad* influirá en cualquier otra decisión importante que tomes. Puede que parezca una exageración, pero esa definición realmente enmarca el enfoque de tu vida. Si crees que la felicidad está fuera de ti, por ejemplo, harás de ella una búsqueda o una recompensa que hay que descubrir o ganar. Sin embargo, si piensas que la felicidad está dentro de ti, eso se convierte en una brújula que te permite desarrollar una vida mejor.

Estas dos perspectivas básicas son —más que la definición de *felicidad*— el medio para encontrarla. Por tanto, hagamos la definición más sencilla. ¿Estás listo?

La felicidad es un estado emocional en el que sientes satisfacción, *contentamiento, esparcimiento, alegría, serenidad, gratificación, júbilo, triunfo, gozo o bienaventuranza.*

Es importante notar que la *felicidad*, en esta definición, es un estado. Eso no significa que sea estática. En otras palabras, hasta las personas más felices —el diez por ciento entre ellas— se sienten tristes a veces. E

> La felicidad no está en nuestras circunstancias, sino en nosotros mismos. No es algo que vemos como el arcoíris o que sentimos como el calor del fuego. La felicidad es algo que somos.
>
> *John B. Sheerin*

incluso los más tristes tienen sus momentos de alegría. Como todos los sentimientos, la felicidad puede fluir.

Ahí lo tienes: una definición directa, si no informal, de *felicidad*. Pero profundicemos más. ¿Por qué? Porque la felicidad, del tipo que encarna la alegría profunda, es más que un sentimiento. Para realmente llegar al significado subyacente de la felicidad, no solo debes identificar la sensación sino también de dónde viene. ¿Por qué? Porque la fuente de tu felicidad puede dificultar tu propia búsqueda de ella.

Las dos fuentes de la felicidad

Cuando alguien le pidió a Eleanor Roosevelt que diera su concepto de *felicidad*, lo que dijo fue: «Es la sensación de que has sido franco contigo mismo y con quienes te rodean; la sensación de que has hecho lo mejor posible tanto en tu vida privada como en tu trabajo; y la capacidad de amar a los demás». La señora Roosevelt obviamente entendía que la felicidad era un trabajo interno.

Los investigadores llaman a esa felicidad *intrínseca* porque se basa en valores. Es resultado del crecimiento personal y las relaciones saludables, lo que contribuye al bien común. La felicidad *extrínseca*, por otro lado, se basa en los sentimientos y proviene de la obtención de recompensas, elogios, dinero, estatus o popularidad.

> La brecha entre los valores que profesamos y los que practicamos es la misma que hay entre nosotros y nuestra felicidad.
>
> *Marc Gafni*

El psicólogo social de Harvard, William McDougall, afirma que las personas pueden ser felices mientras están adoloridas, infelices o mientras experimentan placer. En un instante te puedes hundir. Puedes ser feliz, aun en el dolor, cuando tu vida se fundamenta en valores. Y puedes ser infeliz, aunque sientas placer, cuando tu existencia se basa en sentimientos. Realmente estamos hablando de dos tipos de felicidad que dan como resultado sentimientos de satisfacción, gratificación y todo lo demás, pero que tienen niveles muy diferentes de vida útil.

La *felicidad placentera* es una fugaz sensación de deleite. Cuando bromeamos o tenemos relaciones sexuales, sentimos felicidad placentera. Pero aquí está el truco: sabemos por las investigaciones que la felicidad placentera se rige por la ley de rendimientos menguantes. Ese tipo de felicidad puede perder su fuerza y rara vez dura más de unas horas.

La *felicidad basada en valores* es la sensación profunda de que nuestras vidas tienen que cumplir con un propósito más amplio que el simple placer. Representa una fuente espiritual de satisfacción. Y esta es la buena noticia: no se rige por la ley de rendimientos menguantes. Esto significa que no hay límite para lo significativas y felices que pueden ser nuestras vidas. A algunos les gusta darle el nombre de felicidad basada en valores a esta porque es profunda y más duradera. Lo que está bien con nosotros. Como sea que lo llames, se encuentra en nuestros valores.

La felicidad basada en el valor es el gran catalizador de la vida. Puedes encontrarla si eres rico o pobre, inteligente o con problemas mentales, atlético o torpe, popular o socialmente torpe. Las personas ricas no son necesariamente felices, ni los pobres necesariamente infelices. Los valores, más que el placer, proporcionan un pozo más profundo para la verdadera felicidad, y es un bien del que todos pueden beber. Después de todo, todos tienen el potencial de vivir de acuerdo con sus valores.

Cómo aumentar las posibilidades de que te decepciones

Cada vez más se cree que la felicidad se refiere a la obtención de pequeñas infusiones de placer, a sentirse bien más que a ser bueno. Para los desinformados, la felicidad se trata menos de una vida bien vivida y más de sentir el momento al máximo. Lo cual es un callejón sin salida para la felicidad verdadera y firme. Cuando la felicidad placentera se vuelve más importante que la que se basa en el valor, surge el hedonismo. Y el narcisismo no se queda atrás.

Sentirse bien se convierte en el objetivo definitivo. El no ceder y sacrificarse se evitan a toda costa. La indulgencia de la autobúsqueda se convierte en el nombre del juego. Su orientación hacia las fuentes externas de felicidad significa que están buscando asuntos como admiración, adquisición de bienes y estatus. Y de acuerdo a las investigaciones sabemos que las personas que se inclinan hacia ese tipo de felicidad reportan menos satisfacción y menos energías.

> La felicidad no depende de lo que tenemos, depende de cómo nos sentimos con lo que tenemos. Podemos ser felices con poco y miserables con mucho.
>
> *William Dempster Hoard*

Eso se conoce como la *paradoja hedonista*: cuando uno apunta únicamente hacia el placer mismo, el objetivo se frustra continuamente. Eso es lo que la novelista Edith Wharton estaba diciendo cuando afirmó: «Si dejáramos de intentar ser felices podríamos pasarlo mejor». También es lo que subyace a lo que la gran maestra Helen Keller dijo: «La verdadera felicidad no se alcanza a través de la gratificación, sino a través de un propósito digno».

Por supuesto, si te vas completamente hacia el otro extremo e intentas evitar por completo la felicidad de sentirte bien, te arriesgas a convertirte en un estoico o puritano que depende del deber y reprimes el placer para demostrar que puedes resistir sin divertirte. Y ¿quién quiere eso, especialmente en el matrimonio? De cualquier forma, si adoptas una forma de felicidad exclusivamente, al instante aumentarás las probabilidades de que te decepciones.

La felicidad saludable implica equilibrio. Es por eso que en la esencia de este libro encontrarás media docena de refuerzos para la felicidad comprobados para parejas que combinan la felicidad placentera con la que se basa en el valor. Entre ellos hay asuntos como contar tus bendiciones, probar cosas nuevas, sintonizar sus espíritus, etc. Aunque algunos puntos pueden parecer exclusivos de un campamento u otro, no lo son. Para parejas casadas, estas acciones no son trucos ni técnicas únicas para evocar la satis-facción. No son simples administradores del estado de ánimo. Son un modo de vida. Son una forma de ser felices en el amor y juntos.

Tu cerebro y la felicidad

En la base de tu cerebro hay un conjunto de nervios que reco-rren todo tu cuerpo, conectando tu corazón, tus pulmones y tu estómago, así como tus músculos faciales y vocales. Ese grupo se conoce como nervio vago. Viene de una palabra latina que lite-ralmente significa «vagar» (*vagabundear*). El nervio vago reduce tu frecuencia cardíaca y tu presión arterial mientras se comunica en silencio con los músculos que controlan la respiración y la digestión. Ese es un mensa-je para tu cerebro que dice que todo está bien.[6] Eso está estrechamente relacionado con la *oxitocina*, la hormona más importante que controla la confianza y la devoción en el ser humano.

> Cada vez que te regocijas o te ríes desde lo profundo de tu corazón agradas a Dios.
>
> *Martin Luther*

Según Jon Haidt, profesor de la Universidad de Virginia, la oxitocina es esencial para la felicidad. Desde su punto de vista, la felicidad no se deriva únicamente de una validación externa ni desde el interior, sino de las relaciones creadas por el amor y «algo más grande que uno mismo»; ya sea un grupo religioso, una organización de voluntarios o una campaña política. «Si la felicidad viene a través de ello», dice Haidt, «la oxitocina es la hormona catalizadora que ayuda a unir a las personas».[7]

La oxitocina, a menudo conocida como la hormona del amor, nos hace más comprensivos, solidarios y francos con nuestros sentimientos, todo lo necesario para que las parejas sean felices en el amor. Los estudios en Claremont Graduate University han demostrado que las parejas con un alto nivel de oxitocina terminan conociéndose demasiado bien, se ríen juntas y se tocan entre sí más a menudo.[8]

> El puritanismo es el temor obsesionante de que alguien, en algún lugar, pueda ser feliz.
>
> *H. L. Mencken*

Los químicos en nuestro cuerpo nos hacen más sensibles para amar y ser amados. Y están vinculados intrínsecamente con la sensación de felicidad que experimentamos.[9] No es exagerado decir que estamos diseñados para ser felices en el amor. Por supuesto, no siempre nuestra felicidad depende de las acciones correctas. De eso se trata este libro. Pero no te equivoques, estás diseñado para ser feliz y tu matrimonio también.

Una vida más fácil

Algunas personas temen valorar la felicidad. Es verdad. Creen que es algo egoísta. Hasta el siglo dieciocho, las normas occidentales promovían un enfoque de la vida ligeramente pesimista, con gestos faciales incluidos. Si visitas cualquier galería histórica con retratos verás a qué nos referimos, incluida la sonrisa ambivalente de la Mona Lisa. En el pasado, los buenos protestantes «no se permitían la alegría ni el placer, sino una especie de actitud melancólica y de austeridad».[10] Consideraban que era mejor para la humanidad pecaminosa mostrar una humildad algo dolorosa.

¿Crees que eso es lo que Dios quiere? Estamos de acuerdo con Catherine Marshall que preguntó: «¿De dónde viene esa idea de que si lo que somos y hacemos es divertido, no puede provenir de la voluntad de Dios? El Dios que hizo las jirafas, las uñas de un bebé, la cola de un cachorro, una calabaza con cuello de cisne y la risa de una joven, tiene sentido del humor. No te equivoques con eso».[11]

Incluso Jesús dijo: «Les he dicho esto para que tengan mi alegría y así su alegría sea completa» (Juan 15:11).

Sin embargo, algunas personas, incluso en la actualidad, tienen dificultades para valorar la felicidad porque piensan que es algo egoísta. Pero, acaso ¿no es todo lo contrario? ¿No es la infelicidad la última forma de autocomplacencia? Cuando eres infeliz, tiendes a consumirte tú mismo. Te tomas muy en serio. La gente feliz, por otro lado, es más desinteresada. Cuando decidimos valorar la felicidad, la gratitud, el placer y la alegría, la vida se nos hace más llevadera. Si este sentimiento te incomoda, si te aferras a la idea de que la felicidad es egoísta, quédate con nosotros. Vamos a profundizar más sobre esto en el próximo capítulo, cuando hablaremos acerca del «truco del sombrero de la felicidad».

> Nadie puede vivir sin deleite; por eso es que el hombre que se priva de la alegría espiritual busca los placeres carnales.
>
> *Tomás de Aquino*

Este libro está dirigido a ayudarte a que seas feliz y vivas enamorado de tu cónyuge. ¿Significa eso que el final será como el de un cuento de hadas (que viviremos felices para siempre)? Llegaremos a eso. Por ahora solo significa que la vida sea más fácil para nosotros. Y eso hace posible que cada pareja sea feliz.

Para reflexionar

1. ¿Por qué crees que les tomó tanto tiempo a los científicos sociales comenzar a estudiar la felicidad y el bienestar?

2. ¿Qué piensas de las dos fuentes de la felicidad: felicidad placentera y felicidad basada en el valor? ¿Estás de acuerdo en que la felicidad basada en el valor es el gran equilibrador de la vida? ¿Por qué?

3. ¿Eres una persona con la que se puede convivir? ¿Por qué? Y si aumentaste tu nivel de felicidad, ¿crees que ahora es más fácil vivir contigo? ¿Cómo es eso?

2

¿Conoces tu factor de la felicidad?

Solo hay dos tragedias en la vida: una es
no obtener lo que uno quiere, y la otra es
conseguirlo.

Oscar Wilde

Cuando Stephen y Terri Weaver emprendieron un viaje de un día de pesca, no tenían idea de que volverían millonarios.

A poco más de cien kilómetros al noreste de Little Rock, Arkansas, la pareja se detuvo en una tienda y compró un boleto de lotería en su trayecto a pescar. De regreso a casa, se detuvieron en la misma tienda y decidieron comprar otro boleto de lotería.

La pareja ganó ese día del 2013, no una sino dos veces. Con el primer boleto que compraron los Weaver ganaron un premio de un millón de dólares, mientras que el segundo le dio el toque final con otros cincuenta mil dólares.

Cosas como esas te hacen pensar dos veces antes de ir a pescar juntos, ¿no es así? Después de todo, ¿a qué pareja no le gustaría que de repente apareciera un millón de dólares en su cuenta bancaria? Sin embargo, muchos ganadores de lotería descubren que su barril de oro solo les produce pérdidas. En 1997, un hombre llamado Billie Bob Harrell y su esposa, Barbara Jean, ganaron treinta y un millones de dólares en la lotería de Texas. Con tres hijos que mantener, el primer pago anual recibido de 1.240.000 dólares parecía ser la solución de todos sus problemas. Sin embargo, fue el comienzo de un año aterrador para la pareja. Todo comenzó muy bien: Billie dejó su trabajo en Home Depot y viajaron a Hawái, donaron decenas de miles de dólares a su iglesia, compraron autos y casas para sus amigos y familiares, e incluso donaron 480 pavos a los pobres.

No obstante el gasto y las obligaciones hicieron que perdieran el control. Apenas unos meses después de ganar la lotería las tensiones fragmentaron su matrimonio. Se separaron. Y trágicamente, veinte meses después de ganar la lotería, Harrell se suicidó. Poco antes de morir le dijo a un asesor financiero: «Ganar la lotería es lo peor que me ha pasado».

No es una historia aislada. Numerosos ganadores de lotería terminan lamentando la victoria que anhelaban. Las grandes cantidades de dinero no les hacen más felices, todo lo contrario, les acarrean terribles desdichas.

¿Más dinero, más feliz?

La felicidad no es una serie de circunstancias que deseemos en la vida sino una actitud para la travesía.

Ed Diener

Casi podemos oírte decir: «Bueno, no me importaría tener que luchar para ser más feliz con unos millones de dólares en mi cuenta bancaria».

Está bien. Hemos escuchado eso. Pero cuidado. Un estudio sobre la felicidad publicado en el *Journal of Personality and Social Psychology*, que tomó como referencia a los ganadores de la lotería, reportó que los niveles de felicidad en general de los que se ganan esos premios se elevaron cuando ganaron, pero volvieron a los niveles previos a la victoria tras pocos meses. En términos generales relativos a la felicidad, los ganadores de la lotería no eran más felices que los que no se la ganan y, a veces, eran menos felices que antes de que ganaran.[1]

> Si valoráramos la comida, la alegría y el compartir una canción, por encima de todo el oro acumulado, este sería un mundo más feliz.
>
> *J. R. R. Tolkien*

Otro estudio de la Universidad de California, en Santa Bárbara, midió la felicidad de las personas seis meses después de ganar un premio modesto de lotería, equivalente a ocho meses de ingresos. También descubrió que el triunfo no tuvo ningún efecto sobre la felicidad.[2]

Tal vez pienses que eso está bien porque no estás dispuesto a apostar el dinero que has ganado con tanto esfuerzo, y mucho menos a jugártelo con las absurdas probabilidades de una lotería. Estamos de acuerdo. Pero, ¿qué tal un aumento salarial? ¿Cómo te sentirías con un pequeño aumento en tus ingresos actuales? ¿Pondrán veinte mil dólares más una gran sonrisa en tu rostro? Por supuesto. Las investigaciones en psicología y economía han encontrado que las personas *son* más felices a medida que aumenta su ingreso, pero solo hasta cierto nivel.[3] Las investigaciones han encontrado que la satisfacción en la vida aumenta cuando el ingreso familiar escala aproximadamente alrededor de setenta y cinco mil dólares. Ella puede nivelarse después.[4] En otras palabras, el dinero no nos hace felices tanto como nos impide ser miserables. Aun así, eso no quita que la gran mayoría de nosotros creamos que más dinero, independientemente de nuestros ingresos, nos haría más felices.

La primera mitad de tu felicidad: tu punto de referencia

Al final, las personas no son muy buenas para predecir lo que las hará felices y cuánto durará esa felicidad. Esperan que los eventos positivos les hagan mucho más felices de lo que realmente lo hacen, y que los sucesos negativos les hagan más infelices que lo que realmente son.[5] En estudios de campo y de laboratorio, hemos encontrado que aprobar o reprobar un examen, ganar o perder una elección, ganar o perder una gran casa, obtener o no un ascenso, e incluso casarse, tienen menos impacto en la felicidad de lo que las personas creen. Un estudio reciente mostró que muy pocas experiencias nos afectan por más de tres meses.

Cuando algo bueno sucede, lo celebramos por un tiempo y luego volvemos a nuestro estado original. Cuando ocurre algo malo, lloramos y nos duele cierto tiempo, luego nos levantamos y seguimos adelante. Los científicos llaman a eso *habituación*. El resto de nosotros lo llamamos sorprendente. Después de todo, uno pensaría que lo que estamos ansiando nos hará más felices de lo que realmente es.

> No es lo que tienes, lo que eres, dónde estás o lo que estás haciendo lo que te hace feliz o infeliz. Es lo que piensas al respecto.
>
> *Dale Carnegie*

Todo tiene que ver con lo que los expertos llaman nuestro *punto fijo de la felicidad*. De hecho, dicen que la mitad de nuestra felicidad está determinada por nuestros genes.[6] Tenemos un rango de felicidad, en el que naturalmente caemos, pese a lo que suceda. Y, hablando en general, aunque estemos en lo más alto o en lo más bajo, volvemos a nuestro punto fijo de la felicidad.

Con un casco especializado para el cráneo que contiene 128 sensores, el doctor Richard Davidson y su equipo investigativo de la Universidad de Wisconsin han estado observando el modo en que el cerebro de las personas responde tanto a circunstancias alentadoras como angustiosas. Su estudio en curso tiene como objetivo comprender cuánto de nuestro nivel de alegría se establece en el momento del nacimiento y cuánto podemos controlar.

Las personas con cerebros felices tienen que agradecer a sus padres, en cierta medida, no solo por los genes felices, según Davidson, sino también por la infancia amorosa. Sus estudios y muchos otros han demostrado que los padres enojados o críticos pueden alterar el nivel de felicidad de un niño hasta que este se establece alrededor de los dieciséis años.[7]

¿Resultado? La mitad de nuestra felicidad está determinada por una combinación de nuestra herencia biológica y nuestra educación temprana. Aun cuando nuestra felicidad fluctúe después de un acontecimiento vital —agradable o traumático—, inevitablemente llegará a un nivel natural.[8]

Sin embargo, eso representa solo el cincuenta por ciento de nuestro factor de felicidad. Lo que plantea una pregunta: ¿qué pasa con la otra mitad de nuestra felicidad? ¿Podemos estirar los límites de nuestro temperamento para ser más felices?

La segunda mitad de tu felicidad: tus decisiones

Si nuestro punto fijo de felicidad está en el extremo inferior —y somos menos felices que los demás—, ¿estamos condenados a seguir así? Nada de eso. La porción restante de nuestra felicidad está bajo nuestro control.

Consideremos esto. En realidad, está más cerca del cuarenta por ciento de la porción restante de nuestra felicidad. ¿Por qué? Porque las circunstancias representan aproximadamente el diez por ciento de nuestra felicidad. En otras palabras, tener un trabajo que nos dé el dinero suficiente para satisfacer nuestras necesidades y ser relativamente saludables son circunstancias que contribuyen a nuestra felicidad en general. Pero ten en cuenta que esto es solo un diez por ciento. Destacamos el porcentaje porque la mayoría de nosotros tendemos a basar una gran cantidad de nuestra felicidad en nuestras circunstancias, tal como lo hacen los ganadores de la lotería. Creemos que mudarnos a una nueva casa o a una nueva ciudad, conseguir un aumento o cambiar nuestra apariencia nos hará más felices. Pero es poco probable que encontremos la felicidad duradera con solo cambiar nuestras circunstancias. ¿Por qué? Debido a nuestro punto fijo de felicidad y nuestra inclinación a adaptarnos a los cambios circunstanciales positivos muy rápidamente.

> No encuentras la felicidad, la forjas.
>
> *David Leonhardt*

Por dicha, la felicidad duradera no radica en aumentar nuestro punto fijo o impactar positivamente nuestras circunstancias. Se encuentra en el cuarenta por ciento restante del todo de la felicidad, lo que determinamos por completo.[9] Esta parte significativa de nuestra felicidad se reduce a las decisiones que tomamos y no tiene nada que ver con nuestra composición genética o nuestras circunstancias. Las personas felices no solo giran en torno a la felicidad. Hacen que la felicidad emerja. Así también las parejas felices, que persiguen la felicidad a través de actividades deliberadas.

¿Y cuáles son esas actividades? Bueno, no son difíciles. No cuestan más dinero. Y no consumen cantidades de tiempo excesivas. Los hábitos de las parejas felices son factibles para todos y cada uno de nosotros. Para vivir a un nivel de felicidad que sobrepase nuestro punto de referencia natural, la felicidad perpetua solo nos pide que cambiemos un poco la forma en que pensamos y nos comportamos. Es como el peso. Todos tenemos un punto de ajuste en nuestro peso; por lo que, si es más alto de lo que nos agrada, hacemos ejercicio y comemos bien todos los días para asegurarnos de mantenernos por debajo de ese nivel. Eso también funciona para la felicidad. Podemos aumentar nuestra felicidad por encima de nuestro nivel preestablecido con un poco de esfuerzo. Lo ideal es que ese esfuerzo se convierta en hábito. Aquellos propensos a ser menos felices que otros no están condenados. Simplemente tienen que probar un poco más para contrarrestar las fuerzas que trabajan en su contra. De hecho, las investigaciones revelan que todos podemos arreglar nuestro punto fijo de felicidad para que sea permanentemente más alto.

> Quien es feliz hará felices a los demás.
>
> *Anne Frank*

Sonja Lyubomirsky de la Universidad de California, Riverside; Kennon M. Sheldon de la Universidad de Missouri-Columbia; y David A. Schkade de la Universidad de California, en San Diego, resumieron numerosos hallazgos y los colocaron en un gráfico circular que muestra lo que determina la felicidad:[10]

El truco del sombrero de la felicidad

Este libro está dirigido a ayudar a los matrimonios a formar hábitos de felicidad juntos. No solo cualquier hábito, sino aquellos que sabemos que tienen un impacto comprobado en la felicidad compartida. Los has visto en la tabla de contenido de este libro. Estos incluyen contar tus bendiciones, probar cosas nuevas, agregar valor a otros y cosas por el estilo. Los veremos todos en breve. Pero primero queremos que sepas qué tienen en común y por qué trabajan para aumentar la felicidad que perdura.

El pionero Martin Seligman describió los ingredientes para la felicidad duradera hace más de una década: placer, compromiso y significación.[11] Los llamamos el truco de la felicidad. Si bien no se ponderan por igual en lo que pueden hacer por nuestro factor de felicidad, cada uno de ellos aporta a nuestro bienestar y gozo.

Placer

No se puede negar el hecho de que la actividad y las experiencias placenteras aumentan nuestra felicidad. Piensa en un helado. No del tipo que viene en un bloque cuadrado de la sección de productos congelados de una tienda. Estamos hablando del tipo que está hecho a mano en pequeños lotes que utilizan únicamente productos lácteos totalmente naturales. El helado que se agita con muy poco aire para que el sabor del maní desparramado, el sirope de caramelo o el chocolate con menta dancen en tu lengua. El placer de esa mezcla fría y cremosa no ayuda, pero te hace feliz.

> Recuerda esto: se necesita muy poco para hacer una vida feliz.
>
> *Marco Aurelio*

¿Captas la idea? ¿O qué tal una buena película que te lleva a un paseo emocionante que no esperabas? O una comida fantástica, una conversación relajante, una gran noche de intimidad con tu pareja; todos estos son placeres gratificantes. Las actividades placenteras tienen un claro componente sensorial y emocional. Todas son divertidas y nos hacen felices, sobre todo cuando las disfrutamos. De hecho, cuanto más saboreamos y degustamos nuestros placeres, más felicidad nos aportan. No solo eso, sino que nuestros placeres aparentemente se duplican cuando los experimentamos con la persona que amamos. Compartir una experiencia placentera con la persona que amas es el indicador más fuerte para mejorar el placer. Por tanto, como verás pronto, muchos de nuestros impulsores de la felicidad implican saborear el placer ambos.

Compromiso

Hace poco nos sentamos en el piso de un aeropuerto abarrotado y jugamos Solitario en nuestro iPad. Tuvimos aproximadamente treinta minutos para jugar antes de que pudiéramos abordar nuestro vuelo; de modo que un juego rápido sería el truco perfecto para pasarlo bien. Hemos tenido un largo tiempo compitiendo con este juego en nuestro matrimonio. Jugamos para ganar. Y en esta ocasión, el juego fue especialmente apretado. El puntaje (o puntuación) iba de un lado a otro con casi todos los movimientos. Los puntajes triples se anotaban en ambos lados. El juego lo podía ganar cualquiera de los dos.

También era hora de abordar nuestro vuelo y apenas escuchamos el anuncio del agente. Perdimos la noción de dónde estábamos y cuánto tiempo había pasado. Tuvimos que apurarnos para recoger nuestras pertenencias y subir al avión.

Eso es tener un compromiso. Los investigadores a veces lo llaman flujo y tiene que ver con un estado en el que nos involucramos en una actividad en la que nos sumergimos.

¿Fluye igual la felicidad? No exactamente. Si nos preguntaran qué sentimos en medio de nuestro juego de Solitario, probablemente diríamos: «Nada». Estábamos pasando el tiempo. Pero fue el compromiso o dedicación de nuestra mente y nuestro ser con el proceso lo que produjo una sensación de satisfacción que aumentó la felicidad.

Por supuesto, el compromiso no requiere competencia. El compromiso puede producirse mientras se cuida un jardín, cuando hablamos sobre metas y sueños en un viaje por carretera, cuando tocamos o escuchamos música, trabajamos en un proyecto de mejora en el hogar o nos preparamos para un evento importante. Todo lo que incluye la pérdida de la autoconciencia durante una actividad absorbente es el compromiso. Es el proceso de fusionarse con lo que estamos haciendo debido a que nos consume.

Significación

Si bien deleitarse con el helado derramado en la mano es divertido y agotarse en un juego de Solitario puede generar satisfacción, este tercer ingrediente de la felicidad prevalece sobre el placer y el compromiso. Y la felicidad sin significación crea una vida relativamente superficial, egocéntrica o incluso egoísta.

Cada padre dedicado conoce la experiencia de sacrificarse por un hijo. Y cada padre amoroso te dirá que ese sacrificio es satisfactorio. Parece inverosímil, pero es verdad. Paradójicamente, la felicidad de un padre aumenta por la simple disposición a reducirla a través de años con pañales sucios, rabietas y mal gusto. La voluntad de aceptar la infelicidad de los niños es una fuente de felicidad. ¿Por qué? En una palabra: significación. Criar a un niño es uno de los esfuerzos más significativos que podemos emprender.

Por supuesto que no tienes que ser padre para experimentar el significado. Encontramos significado cada vez que nos dedicamos a algo más grande que nosotros mismos. Ofrecerte como voluntario para ayudar en una campaña de donación de sangre, patrocinar a un niño necesitado, ser mentor de una pareja con menos experiencia o ayudar en las labores de tu iglesia, todo ello crea un significado.

Consideremos un ejercicio que hacemos todos los años con nuestros estudiantes universitarios en Seattle. En una clase de doscientos estudiantes, asignamos a la mitad de ellos para que tomen una tarde y se involucren en algo que creen que les hará felices. Pueden jugar con videos, ver películas, disfrutar de una buena comida, etc. Asignamos a la otra mitad de los estudiantes a que tomen una tarde y la inviertan en servir a otros. Pueden ofrecerse como voluntarios en un centro para personas mayores, recoger basura en el campus de la universidad, ayudar a un alumno con necesidades especiales, etc.

Cuando se reúnen en la próxima clase, evaluamos su felicidad y ¿adivina lo que encontramos? ¿Puedes deducirlo? El grupo que sirve a otros es inevitable y consistentemente mucho más feliz que el grupo de los que se entregaron a algo que les dio placer. Es difícil triunfar sobre el amor y el significado en lo que respecta a la felicidad.

> El amor es la condición en la cual la felicidad de otra persona es esencial para la tuya.
>
> *Robert Heinlein*

Entérate de esto: las personas que tienen significación en sus vidas, en la forma de un propósito definido, califican su satisfacción con la vida más elevada incluso cuando se sienten peor que aquellos que no tienen un propósito claramente definido. ¿No es de extrañar que *Una vida con propósito*, de Rick Warren, sea el libro más vendido en la historia de los Estados Unidos?[12] El significado y el propósito son esenciales para la felicidad duradera.

Placer, compromiso y significado: el truco de la felicidad. Cada uno de estos ingredientes es esencial para aprovechar el cuarenta por ciento restante de la felicidad que tenemos bajo nuestro control. Son los tres grandes diales que podemos activar para contrarrestar nuestra genética y las circunstancias. Pero cuidado: perseguir el placer solo trae felicidad temporal. El placer por sí solo no tiene un impacto duradero. Piensa en un divertido programa de televisión o, si eres comprador, en ir al centro comercial. Eso es agradable en el momento. Pero luego, la diversión y el placer del momento se terminan.

Sin embargo, muchas personas creen que el placer es el único camino hacia la felicidad. Pero no lo es. Es más, es el menos perdurable y satisfactorio. El compromiso proporciona una satisfacción más profunda que generalmente persiste después de que la actividad finaliza. Y el significado proporciona la mayor y más duradera satisfacción de todos. Juntos, el placer, el compromiso y el significado forjan una vida plena.

> La mayor felicidad en el mundo es la convicción de que somos amados; amados por lo que somos o, más bien, a pesar de lo que somos.
>
> *Víctor Hugo*

¿El lugar más feliz de la tierra?

Los daneses deben estar haciendo algo bien. Dinamarca calificó recientemente como la nación más feliz del planeta, según el Mapa Mundial de la Felicidad.[13] Sin embargo, la ciudad más feliz del mundo está a medio mundo de distancia, en Singapur. El noventa y cinco por ciento de sus ciudadanos dicen que están muy o bastante felices.[14] Encontrarás a los Estados Unidos entre los veinte cuando se clasifica su felicidad. ¿Y la ciudad más feliz de los Estados Unidos? Boulder, Colorado, a menudo se encuentra en el punto más alto o cerca de él según el Índice Nacional de Bienestar.[15] ¿Lo sabías?

El dinero no puede comprar la felicidad. Pero seguro puede comprar la capacidad de medirla. Algunas organizaciones y gobiernos gastan millones en equipos de expertos investigadores y estadísticos que miden la felicidad en todo el mundo. Pero nadie se toma la felicidad más en serio que un pequeño país en el sur de Asia. Si bien la mayoría de los países como Estados Unidos están ocupados midiendo su Producto Interno Bruto (el valor de mercado de todos nuestros bienes y servicios que producimos), el himalayo país de Bután está realmente más preocupado por elevar su Felicidad Nacional Bruta.

Si lo piensas, todo tiene sentido. Como dice el viejo adagio en los negocios, lo que se mide se gestiona. Y cuanto mejor midamos la felicidad, mejor la

> Es bastante difícil decir qué da felicidad. La pobreza y la riqueza han fracasado.
>
> *Ken Hubbard*

cultivaremos, ya sea a nivel global o personal. Es por eso que queremos ayudar a hacer un inventario de tu propio factor de la felicidad. Y es más fácil de lo que piensas.

Cómo medir tu factor de felicidad personal

Lo llaman el Indiana Jones de la investigación de la felicidad. Durante casi cuarenta años, el doctor Ed Diener ha sido profesor de psicología en la Universidad de Illinois. Pero su búsqueda para medir con precisión la felicidad de las personas lo ha llevado a poblaciones exóticas que van desde los *masái* en África hasta los *inuit* en Groenlandia. Y su inventario de felicidad que encuentras a continuación se encuentra entre los instrumentos de medición más ampliamente utilizados y respetados.[16] Te llevará solo un par de minutos completarlo.

EVALUACIÓN DE TU FACTOR DE FELICIDAD

Usa la escala del 1 al 7 a continuación para calificar tu acuerdo o desacuerdo con las siguientes cinco declaraciones. Simplemente coloca el número apropiado en la línea que le precede. Por favor, sé franco y amplio en tu respuesta.

---

7 - Totalmente de acuerdo

6 - De acuerdo

5 - Un poco de acuerdo

4 - Ni de acuerdo ni en desacuerdo

3 - Ligeramente en desacuerdo

2 - No estoy de acuerdo

1 - Muy en desacuerdo

_____ En casi todos los aspectos, mi vida está cerca de mi ideal.

_____ Las condiciones de mi vida son excelentes.

_____ Estoy satisfecho con mi vida.

_____ Hasta ahora he obtenido las cosas importantes que quiero en la vida.

_____ Si pudiera vivir de nuevo, no cambiaría casi nada.

_____ Puntaje total

Qué significa tu puntaje

31-35 Muy satisfecho: Te encanta la vida y sientes que las cosas van muy bien. Por supuesto, el hecho de que estés tan satisfecho no significa que seas complaciente. Probablemente te des cuenta de que tu bienestar siempre está en un proceso que requiere seguir creciendo. Es por eso que estás interesado en este libro y seguramente obtendrás una gran parte de su mensaje por eso.

26-30 Satisfecho: Te gusta tu vida y sientes que las cosas van bien. La vida es agradable, pero también te das cuenta de que puedes maximizarla y vivirla más plenamente. Con toda probabilidad, te gusta la idea de esforzarte por lograr más satisfacción en tu vida y eso será un buen augurio para ti mientras exploras este libro.

21-25 Ligeramente satisfecho: La mayoría de las personas en las naciones económicamente desarrolladas tienen su puntaje aquí. Aunque en general estás satisfecho, te gustaría alguna mejora. Probablemente estés listo para algunos cambios que aumentarán tu felicidad. Y eso es exactamente lo que encontrarás en este libro.

15-20 Ligeramente insatisfecho: Es probable que tengas algunos problemas pequeños pero significativos en varias áreas de tu vida, o puedes tener solo un área que sea un desafío sustancial. De todos modos, algunos cambios son adecuados y este libro te ayudará a centrar tus esfuerzos en las actividades que te darán la mejor recompensa.

10-14 Insatisfecho: No te está yendo tan bien. Puede ser un gran problema o varios que van mal. Si tu insatisfacción es en respuesta a un evento reciente como la pérdida de un ser querido, es probable que regreses con el tiempo a tu nivel anterior de mayor satisfacción. Por supuesto, si tu insatisfacción ha sido crónicamente baja, te instamos a que veas a un consejero o pastor de confianza.

5-9 Extremadamente insatisfecho: Obviamente estás muy descontento con tu vida actual. Puedes haber experimentado algo malo recientemente, como el desempleo, o puedes tener un problema crónico, como una adicción o alcoholismo. Sin embargo, la insatisfacción en este nivel se debe a múltiples áreas problemáticas. Cualquiera que sea el motivo, te instamos a que consultes a un psicólogo, consejero o ministro competente. Este viaje no se hace solo.

Felices juntos

Al concluir este capítulo y lanzarnos a la esencia de este libro —los impulsores de la felicidad—, queremos dejar algo muy claro: tu felicidad no depende de tu pareja. No es su trabajo hacerte feliz. La felicidad es un trabajo interior. Lo dijimos antes y queremos destacarlo de nuevo. El matrimonio no te hace feliz. Tú haces feliz tu matrimonio. Un error común, es decir: «Era feliz, me casé y ahora no soy tan feliz como antes», por lo que concluyo que hay algo mal con el matrimonio. No. Simplemente no estás girando los diales correctos para aumentar el factor de la felicidad en tu matrimonio. Tienen que ser felices juntos. Y la siguiente parte de este libro está dedicada a ayudarte a ti y a tu cónyuge a hacer exactamente eso.

Sin embargo, es probable que te estés preguntando, *¿puedo hacer estos refuerzos de felicidad si mi pareja no quiere unirse? ¿Valdrá la pena e incrementará mi bienestar en la relación?* Absolutamente sí. ¿Por qué? Porque la felicidad comienza por dentro y es muy contagiosa.

Un científico holandés, Christiaan Huygens, en 1660 se dio cuenta de que dos péndulos montados en la misma pared siempre terminaban balanceándose en perfecta sincronía, incluso cuando se habían puesto en movimiento en diferentes momentos. El fenómeno es la llamada de arrastre, y ocurre también con esposos y esposas. Cuando una persona comienza a adoptar una nueva actitud o comportamiento en la relación, la otra a menudo se sincroniza. La investigación respalda esta idea.[17]

Por tanto, si comienzas a practicar algunos de estos refuerzos por tu cuenta, es probable que tu pareja se una en algún momento. Como dice Ed Diener: «La felicidad no es una serie de circunstancias que deseamos en la vida sino más bien una actitud ante la travesía». Confiamos en que vas a disfrutar esta jornada.

Para reflexionar

1. ¿Ganar más dinero te haría más feliz? Si es así, ¿cuánto más dinero y por qué o cómo elevaría tu estado de ánimo a largo plazo?

2. ¿Qué piensas del hecho de que el cuarenta por ciento de tu felicidad lo determinen tus decisiones? ¿Estás de acuerdo? ¿Por qué? ¿Y qué opciones has considerado esta semana que te han llevado a la felicidad duradera con tu pareja?

3. ¿Cómo te sientes con los resultados de tu feliz autoevaluación de factores? ¿Estás de acuerdo con ellos? ¿Por qué? ¿Y los resultados de tu cónyuge?

SEGUNDA PARTE

Impulsores de la felicidad para las parejas

3

Cuenta tus
bendiciones

No es la felicidad lo que nos hace agradecidos, el agradecimiento nos hace
felices.

Hermano David Steindl-Rast

Arribamos a Phoenix, Arizona, a altas horas de la noche, llegamos a un hotel y encendimos la televisión para escuchar esto:
«Todo es maravilloso en este momento, pero nadie es feliz». Era
la primera frase de una rutina del comediante Louis C. K., que
estaba participando en el programa de entrevistas de Conan
O'Brien. «Los cambios en el mundo que he visto han sido asom-
brosos», dijo. Luego pasó a describir los primeros teléfonos que
tenían un dial giratorio para marcar los números. «Y si llamabas
y no había nadie en casa, el teléfono sonaba solo».

Hoy llevamos teléfonos en nuestros bolsillos, sin cables, y la gente se queja de que no funcionan rápido. «¡Dale un segundo! Va al espacio», dijo C. K. «¿Le darás un segundo para ir y regresar del espacio? ¿La velocidad de la luz es demasiado lenta para ti?»

Habló de lo que le pasó cuando estaba en un avión que ofrecía acceso a internet durante el vuelo, una de las primeras aeronaves en hacerlo. Como la señal se fue por unos minutos, un hombre que estaba a su lado se expresó con disgusto. C. K. se sorprendió y le dijo a O'Brien: «Qué rápido reclama el hombre algo que él no sabía que existía hace diez segundos».

C. K. luego habló sobre cuántos de nosotros describimos los vuelos aéreos como si fueran experiencias de una película de terror: «Fue el peor día de mi vida. Primero que nada, ¡no abordamos hasta que pasaron veinte minutos! Luego subimos al avión y nos hicieron sentar en el pasillo durante cuarenta minutos».

Luego dijo burlonamente: «Oh, ¿en serio? ¿Volaste increíblemente por el aire, como un pájaro? ¿Fuiste parte del milagro del vuelo humano?... Todos en cada avión deberían estar gritando: "¡Ah! ¡Estoy sentado en una silla en el cielo!"» Luego se burló de un pasajero que, tratando de empujar su asiento hacia atrás, se quejó: «¡No retrocede lo suficiente!»[1]

> Sé agradecido con el puente que te permitió pasar al otro lado.
>
> *George Colman*

Es gracioso porque es verdad. ¿Estás de acuerdo? De hecho, era muy cierto para nosotros. Acabábamos de experimentar uno de esos días de vuelo menos que perfectos y habíamos sido bastante irreverentes con nuestras quejas durante toda nuestra penosa experiencia. Y ni una sola vez hicimos una pausa para reconocer cuán privilegiados estábamos de dar un seminario para matrimonios a la mañana siguiente o cuán maravilloso era que viajáramos juntos, que nos amáramos, que pudiéramos ver una película en el vuelo a Seattle y llegar a cenar la noche siguiente con unos buenos amigos mientras estábamos en la ciudad. No hicimos nada de eso. Nos enfocamos en la demora de la aerolínea, la falta de opciones de alimentos y los asientos que no reclinaban mucho. La gratitud ni siquiera entró en escena.

Es probable que sepas exactamente de lo que estamos hablando. Todos hemos pasado por eso, nos quejamos de cualquier cosa aunque tenemos muchas por las cuales agradecer. Es una actitud de descontento que engendra el derecho a la queja. Esto puede consumir nuestras vidas si no tenemos cuidado. En realidad, si no somos agradecidos lo hace, incluido nuestro matrimonio.

Definición de gratitud

Algunos dicen que la gratitud es lo que se vierte en el vaso para que esté medio lleno. Es probable. Un corazón agradecido engendra optimismo. Pero el diccionario es más específico, lo define como: «la calidad o la sensación de ser agradecido». No es sorprendente. Sin embargo. Cuando profundizas en la investigación y exploras su raíz latina, *gratia*, hallas que la gratitud se relaciona con las palabras *gracia y regalo*. La gratitud resulta de un favor inmerecido, aparte de nuestro propio esfuerzo y no requiere pago ni deuda.

La gratitud no tiene que ver con deuda.[2] Aun cuando sean similares, la deuda surge cuando una persona percibe que está obligada a pagarle a alguien que le ayudó. El endeudamiento puede hacer que evites a la persona que te ayudó.

> La gratitud es la llave que libera las bendiciones.
>
> *Marianne Williamson*

Por otro lado, la gratitud, como un regalo de gracia, te motiva a buscar a la persona y mejorar la relación. Implica humildad, un reconocimiento de que no podríamos ser lo que somos o donde estamos sin los amables dones que recibimos de los demás.

El que es agradecido reconoce que otros, incluido el cónyuge, los amigos y Dios, le dieron muchos regalos, grandes y pequeños, para ayudarle a alcanzar la bondad. La gratitud es un espíritu que fortalece las relaciones. Es más que un sentimiento. Es una actitud, un hábito, una elección, un motivo, una forma de vida.[3] Tal vez por eso Cicerón, el filósofo romano, dijo: «La gratitud no es solo la más grande de las virtudes, sino la madre de todas».

¿Cuál es tu coeficiente de gratitud (CG)?

¿Cuán bien expresas reconocimiento a tu cónyuge? ¿Qué tan agradecido te sientes en general? Esta pequeña evaluación puede arrojar algo de luz sobre tu coeficiente personal de gratitud. Usa la escala a continuación como guía para anotar un número al lado de cada enunciado para indicar cuánto concuerdas con eso.[4]

7- Totalmente de acuerdo
6- De acuerdo
5- Un poco de acuerdo
4- No estoy de acuerdo ni en desacuerdo
3- Ligeramente en desacuerdo
2- No estoy de acuerdo
1- Muy en desacuerdo

_____ 1. Tengo mucho que agradecer en la vida.
_____ 2. Si tuviera que enumerar todo lo que agradezco, sería una lista muy larga.
_____ 3. Cuando veo el mundo, no hay mucho por lo cual agradecer.
_____ 4. Agradezco a una gran variedad de personas.
_____ 5. A medida que envejezco, puedo apreciar más a las personas, los hechos y las situaciones que han sido parte de mi historia.

_____ 6. Puede pasar mucho tiempo antes de que me sienta agradecido con algo o alguien.

Puntuación

Suma los puntajes de las declaraciones 1, 2, 4 y 5. Escribe el subtotal aquí: _____

Invierte los puntajes de las declaraciones 3 y 6. Es decir, si obtuviste un 7, pon un 1, si obtuviste un 6, pon un 2, etc. Escribe el subtotal aquí: _____

Agrega los subtotales de los pasos 1 y 2. Esta es tu puntuación total de CG-6. Este número debe estar entre 6 y 42. Escríbelo aquí: _____

Puntos de referencia

¿Es curioso saber dónde te encuentras en tu coeficiente de gratitud en comparación con otras personas (incluida tu pareja)? Si obtuviste 35 o menos, te encuentras en la cuarta parte inferior de las personas que han realizado esta encuesta, lo que significa que el setenta y cinco por ciento de las personas se sienten más agradecidas que tú. Si obtuviste una puntuación entre 36 y 38, te encuentras en la mitad inferior de las personas que tomaron la encuesta. Si anotaste entre 39 y 41, estás en la cuarta parte superior, y si obtuviste 42, estás en la octava parte de lo superior.

Por supuesto, esta encuesta auto reportada es buena en la misma medida en que seas honesto con tus respuestas, y simplemente pretende servir como un medio para que reflexiones mejor en tu relación con la gratitud. Independientemente de tu puntaje, o el de tu cónyuge, todos pueden beneficiarse al aprender a ser más agradecidos.

Cómo aumentar tu felicidad con más gratitud

«Las puertas de la felicidad permanecen cerradas», dijo Fawn Weaver, fundadora del sitio web Happy Wives Club. «Cuando las desbloquean, se abren rápida y ampliamente, pero se cierran detrás de ellos. Deben volver a abrirlas a lo largo de cada día y solo hay una llave que abre esa cerradura: la "gratitud"».

Los estudios respaldan esta noción poética. Un creciente cuerpo de investigadores ha vinculado la actitud agradecida a numerosos beneficios, incluida la felicidad y más.

The Wall Street Journal resumió la investigación: los adultos que con frecuencia se sienten agradecidos tienen más energía, más optimismo, más conexiones sociales y más felicidad que los que no lo hacen. También es menos probable que estén deprimidos, ansiosos o codiciosos. Ganan más dinero, duermen más profundamente, hacen ejercicio con más regularidad y tienen una mayor resistencia a la enfermedad.[5] Es un paquete de beneficios muy bueno.

> La gratitud puede transformar los días comunes en días de acción de gracias, convertir los trabajos rutinarios en alegría y las oportunidades ordinarias en bendiciones.
>
> *William Arthur Ward*

Sin embargo, hay un beneficio aún más asombroso y medible para nuestro bienestar cuando se trata de cultivar gratitud. Después de una investigación realizada por varios investigadores de todo el mundo, en la que participaron miles de personas, el doctor Robert Emmons, que ha estado estudiando la gratitud por más de una década y es considerado por muchos como la principal autoridad mundial en el tema, dijo que: los estudios muestran que practicar la gratitud puede aumentar los niveles de felicidad en un veinticinco por ciento.

¿Nada malo verdad? ¿Cómo se verían tu vida y tu relación si durante los próximos días fueras un veinticinco por ciento más feliz? ¿Cómo se vería tu relación si tu pareja repentinamente tuviese veinticinco por ciento más de felicidad? Es imposible separar la gratitud de la felicidad. No puedes tener una sin la otra. Y es imposible exagerar lo que la gratitud puede hacer para aumentar el nivel de felicidad en tu matrimonio.

Lo que la gratitud hace por tu relación

Un hombre acompañó a un amigo a su hogar a cenar y quedó impresionado por la forma en que entró a su casa, preguntándole a su esposa cómo le había ido en el día y diciéndole que se veía hermosa. Luego de un abrazo, ella sirvió la cena. Después de comer, el esposo felicitó a su esposa por la comida y le agradeció por ello. Cuando los dos compañeros estuvieron solos, el visitante preguntó: «¿Por qué tratas a tu esposa tan bien?»

> Demos gracias a las personas que nos hacen felices porque son los maravillosos jardineros que hacen florecer nuestras almas.
>
> *Marcel Proust*

«Porque ella se lo merece y hace que nuestro matrimonio sea más feliz», respondió el anfitrión. Impresionado, el visitante decidió adoptar la idea. Al llegar a casa, abrazó a su esposa y le dijo: «¡Te ves hermosa!» Por si acaso, añadió: «Cariño, soy el tipo más afortunado del mundo».

Su esposa estalló en lágrimas. Desconcertado, él le preguntó: «¿Qué te pasa?»

Ella respondió llorando. «¡Qué día! Billy peleó en la escuela. El refrigerador se dañó y toda la comida se echó a perder. ¡Y ahora llegas tú borracho!» Es una vieja broma, pero destaca un punto vital: la gratitud en el matrimonio puede volverse tan rara que cuando aparece, podemos pensar que algo anda mal. Tan pronto como los matrimonios pasan la etapa de la luna de miel, las parejas pasan de apreciar y amar cada pequeño detalle de su cónyuge a darlo todo por supuesto. ¿El antídoto? Sin lugar a dudas es la gratitud.

La gratitud es, literalmente, una de las pocas cosas que pueden mejorar —de manera instantánea y mensurable— la relación de una pareja. Los beneficios de la gratitud en una relación son incalculables.

Un estudio pidió a las parejas que reportaran por las noches, durante dos semanas, cuán agradecidos se sentían con sus pares por las interacciones en el día. Además de la gratitud, calificaron numéricamente la satisfacción en su relación y los sentimientos de conexión con su pareja. ¿Qué encontraron? En los días en que las personas sentían más gratitud con su pareja, se sentían mejor con la relación y más conectados con su pareja. No solo eso, también experimentaron mayor felicidad y satisfacción en su relación al día *siguiente*.[6] En otras palabras, la gratitud ayuda a que la felicidad se mantenga.

No obstante, esos beneficios no fueron los únicos. Los compañeros de esas personas agradecidas se sentían más conectados, estaban más felices y más satisfechos con la relación, y no eran ellos quienes registraban su gratitud. ¡Asombroso! La felicidad que surge en una relación por efecto de la gratitud es contagiosa.

Otro experimento, esta vez con los chicos y las chicas que estaban en pleno noviazgo, hizo que la gente enumerara las cosas buenas que sus parejas habían hecho por ellos últimamente y calificaron lo bien que pensaban que habían expresado su agradecimiento a su pareja por los favores recibidos. Los investigadores encontraron que cuanto más expresaban aprecio, más disminuían las probabilidades de romper la relación.

La conclusión es esta: los momentos de gratitud actúan como una inyección de refuerzo para las relaciones sentimentales. La gratitud eleva, energiza e inspira más amor.

Cómo contar las bendiciones juntos

¿Listo para provocar más gratitud a tu relación? Bueno, esto es lo que funciona. Cada uno de estos consejos se basan en investigaciones y han demostrado ser efectivos para innumerables parejas. Sin embargo, dado que cada persona es diferente, es probable que descubras que unos te son más útiles que otros.

Haz de la gratitud tu forma de vida

Uno de los experimentos más reveladores para conectar la gratitud y la felicidad fue dirigido por los profesores de psicología Robert Emmons, de la Universidad de California, en Davis, y Michael McCullough de la Southern Methodist University en Dallas, Texas. Ellos tomaron tres grupos de voluntarios y los asignaron aleatoriamente para enfocarse en una de tres cosas cada semana: molestias, cosas por las cuales estaban agradecidos y hechos cotidianos ordinarios.[7]

> Debes participar inexorablemente en la manifestación de tus propias bendiciones.
>
> *Elizabeth Gilbert*

El primer grupo se concentró en todo lo que salió mal, lo cual los irritó. El segundo grupo se enfocó en las situaciones en las que sintieron que habían mejorado sus vidas, tales como: «Mi esposo es muy amable y afectuoso; tengo suerte de tenerlo». El tercer grupo recordó actividades cotidianas recientes como: «Fui a comprar unos zapatos».

Los resultados: las personas que se centraron en la gratitud fueron mucho más felices. Vieron sus vidas en términos favorables. Reportaron sentimientos positivos y menos quejas, e incluso informaron haber experimentado una mejoría en su salud (menos dolores de cabeza y resfríos). Además, brindaron más gracia a los demás e hicieron más cosas amorosas por las personas. Aquellos que estaban agradecidos simplemente disfrutaron de una mejor calidad de vida.

El doctor Emmons estaba sorprendido. Descubrió que eso no es solo algo que hace felices a las personas, como el pensamiento positivo. El sentimiento de gratitud realmente hace que las personas hagan algo, se vuelvan más compasivas, más amorosas. Lo que no fue el caso en ninguno de los otros dos grupos.

> Sentir gratitud y no expresarlo es como envolver un regalo y no darlo.
>
> *William Arthur Ward*

El punto es obvio: tu vida nunca está más llena de alegría que cuando estás consciente de tus bendiciones. Las personas que se sienten agradecidas tienen más probabilidades de sentirse amadas y de hacer actos amorosos. Y todo lo que necesitas es un esfuerzo razonable para estar consciente de tus bendiciones. La gratitud es una disciplina. Puedes decidir estar agradecido. Puedes hacer de ello tu estilo de vida.

El difunto sacerdote católico, psicólogo y escritor Henri Nouwen lo dijo de la siguiente manera: «Es sorprendente cuántas ocasiones se presentan en las que puedo optar por la gratitud antes que por la queja». Muy cierto. Todos los días tenemos momentos en los que dejamos de lado un esfuerzo consciente por estar agradecidos porque nos sentimos con derecho o porque hemos tomado por supuesto algo. Pero una vez que optemos por ser más agradecidos, aparecerá el agradecimiento. Así que el primer paso para traer más gratitud a tu vida y a tu relación es simplemente decidir ser agradecido. Es tan simple como eso.

Control de quejas

Un experto en eficiencia concluyó una conferencia con una nota de advertencia:

—No querrás probar estas técnicas en casa.

—¿Por qué no? —preguntó alguien de la audiencia.

—Observé la rutina de mi esposa en el desayuno durante años —explicó el experto—. Se dirigía al refrigerador, a la estufa, a la mesa y a los armarios repetidas veces, llevando solo un artículo por vez. Por lo que le sugerí: «Cariño, ¿por qué no tratas de llevar varias cosas a la vez?»

La persona del público preguntó:

—¿Ahorraba tiempo con eso?

El experto respondió:

—En realidad, sí. Solía llevarle veinte minutos preparar el desayuno. Ahora «lo hago» en siete.

Nada extingue la gratitud más rápidamente que las quejas, sobre todo en el matrimonio. Y, sin embargo, es tan fácil caer en la trampa de refunfuñar. La persona promedio se queja entre veinte y treinta veces por día. Nos quejamos y protestamos casi por costumbre.

De modo que, ¿cómo puedes controlar las quejas? Will Bowman, un ministro de Kansas City, tiene la respuesta. Desafió a su congregación a pasar veintiún días sin quejarse. Basó su desafío en la investigación que sugiere que se necesitan al menos veintiún días para crear un nuevo hábito. Las personas que aceptaron el desafío recibieron una pequeña pulsera púrpura como recordatorio de su promesa.

Si se descubrían quejándose, se suponía que debían quitarse la pulsera, ponérsela a la muñeca opuesta y comenzar a contar los días desde cero.

> El hecho de creer que tenemos derecho a algo nos convierte en quejumbrosos.
>
> *Tullian Tchividjian*

El reverendo Bowman informó que tardó tres meses y medio en completar los veintiún días sin quejarse y que a otros les ha llevado hasta siete meses. Aquellos que lo superan pueden entregar sus brazaletes a cambio de un «certificado de felicidad» emitido durante los servicios de la iglesia.[8]

Estés listo o no para enfrentar el desafío de veintiún días con una pulsera púrpura, te sugerimos que intentes algo que requiera un poco más de valor, aunque solo sea por una semana. No es fácil, pero es la mejor manera que hemos encontrado para frenar las quejas en nuestra propia relación. ¿Estás listo? Simplemente hagan un pacto para ayudarse mutuamente a reprimir las quejas al promover una retroalimentación no amenazante. Nosotros, por ejemplo, decidimos hacernos una seña con la mano cada vez que el otro se queja. Y cuando vemos que nuestro compañero nos hace esa señal, simplemente respondemos con un «Gracias». Eso es todo. No condenamos ni corregimos. Simplemente lanzamos una señal momentánea que ambos hemos acordado proporcionarnos mutuamente. Pruébalo durante siete días y te garantizamos que verás que tus quejas disminuyen a medida que aumenta tu gratitud.

Haz un diario en el que escribas todos los gestos de gratitud

¿Sabías que las personas que anotan sus metas, en vez de pensar solo en ellas, tienen un tercio por ciento más de probabilidades de lograrlas? Hay algo poderoso en cuanto a escribir las cosas. Lo cual también se aplica a la gratitud.

En la Universidad de California, en Riverside, la psicóloga Sonja Lyubomirsky está utilizando el dinero de la subvención de los Institutos Nacionales de Salud para estudiar diferentes tipos de impulsores de la felicidad. Y escribiendo un diario de gratitud, uno en el que escribe cosas por las que está agradecida, está demostrando ser uno de los más efectivos.

> No hay un ejercicio mental más agradable que la gratitud.
>
> *Joseph Addison*

Ella descubrió que tomarse el tiempo para contar con toda consciencia las bendiciones una vez a la semana aumenta significativamente la satisfacción general con la vida durante un período de seis semanas (en comparación con un grupo de control que no llevó un diario y no tuvo esa ganancia).

Además de aumentar su nivel general de felicidad, los que escribían en un diario su gratitud experimentaban efectos positivos de mayor duración. Su felicidad continuaba aumentando cada vez que eran probados periódicamente después del experimento. De hecho, los mayores beneficios se encontraron generalmente alrededor de los seis meses posteriores al inicio del proceso. El ejercicio fue tan exitoso que, aun cuando a los participantes solo se les pidió que continuaran el diario durante una semana más, muchos de ellos siguieron manteniéndolo mucho después de finalizar el estudio.[9]

Si la idea de comenzar un diario en el que escribas tu gratitud te agrada, te sugiero unos consejos a tomar en cuenta:

- *No lo hagas solo por hacerlo.* La investigación de Lyubomirsky y otros sugiere que el diario es más efectivo si decides de modo consciente estar más agradecido. El acto de mantener el diario no hace nada si no tienes pasión por eso.
- *Hazlo concreto, no en general.* Tratar en detalles acerca de algo en particular por lo que sientes agradecimiento es más beneficioso que tener una lista general de muchas cosas.
- *Enfócate en la gente.* Enfocarte en las personas a las que les agradeces tiene más impacto que centrarte en cosas por las cuales estás agradecido. Esto es particularmente cierto cuando te enfocas en tu cónyuge.
- *Intenta restar, no solo sumar.* Una forma efectiva de estimular la gratitud es reflexionar sobre cómo sería tu vida sin ciertas bendiciones, en lugar de solo contar todas esas cosas buenas.
- *Disfruta las sorpresas.* Intenta registrar los sucesos inesperados o sorprendentes, ya que estos tienden a provocar niveles más fuertes de gratitud. Por ejemplo, una visita sorpresa a tu cónyuge en la hora de su almuerzo.

- *No exageres.* Escribir de vez en cuando (una vez por semana) es más beneficioso que hacerlo todos los días. De hecho, en un estudio hecho por Lyubomirsky y sus colegas, encontraron que las personas que escribían en sus diarios una vez por semana reportaron impulsos de felicidad después; los que escribieron tres veces por semana no lo hicieron.[10]

¿Listo para intentarlo? Simplemente escribe tres cosas que agradezcas una vez a la semana y compártelas con tu cónyuge. Y si deseas darle un nuevo giro, intenta con un diario de gratitud compartido. Es fácil. Si ambos están de acuerdo, uno de ustedes comience haciendo sus entradas en el diario y luego lo pone en algún lugar para que su cónyuge haga lo mismo. Simplemente pásenselo de vez en cuando, permitiendo que cada uno de ustedes lea los escritos del otro e inspírense en lo que ambos escriben. No es necesario establecer plazos estrictos cuando lo hagan. Háganlo casual. Y, por supuesto, menciónenlo en sus conversaciones cuando estén listos. Seguramente notarás un aumento mensurable en tu felicidad y en la de tu par cuando escribas un diario con tu gratitud.

Planifica una visita de agradecimiento

Esta es probablemente la sugerencia más desafiante en este capítulo, pero también la más gratificante. La idea comenzó en un aula de la Universidad de Pensilvania cuando Martin Seligman hizo que sus alumnos seleccionaran a una persona importante en su pasado que «se haya destacado de forma positiva en su vida y a la que nunca le ha expresado plenamente su agradecimiento».[11]

El doctor Seligman les pidió luego que escribieran un testimonio de una página en el que expresaran lo que esa persona había hecho por ellos y lo agradecidos que estaban por el bien recibido. Después hizo que sus alumnos organizaran una reunión con esa persona (no por teléfono ni por escrito), sin decirles el propósito del encuentro. A continuación se les ordenó que leyeran lentamente el testimonio en voz alta, con expresiones y contacto visual, permitiendo que la otra persona reaccionara sin prisas.

Desde esa primera asignación de clases en 2004, Seligman ha llevado a cabo experimentos controlados sobre los efectos de ese ejercicio y ha sido testigo de su poder a través de informes con miles de visitas por gratitud. La forma más efectiva de impulsar tu alegría, dice, es hacer una visita de agradecimiento.

¿Estás listo? ¿Estás dispuesto a escribir un testimonio reflexivo agradeciendo a un maestro, pastor, abuelo o a cualquier persona a la que estés profundamente agradecido, y luego visitar a esa persona para leerle dicha carta? Si lo haces, seguro que sentirás un aumento en la alegría y verás lo mismo en la persona que estás apreciando.

Y si estás dispuesto a llevar esto a un nuevo nivel como pareja, te recomendamos una visita de gratitud. Hicimos esto hace un tiempo con una pareja que fue particularmente útil a nuestro matrimonio, Dennis y Lucy Guernsey. Habían estado casados por más tiempo que nosotros, diez años o más, por lo que los considerábamos nuestros mentores.

Una tarde en su casa, leímos nuestra carta de agradecimiento en voz alta. Parte de la misiva se centró en cuán auténticos y transparentes habían sido con nosotros. Fue un verdadero regalo. Recordamos la historia que nos contaron de la noche, al principio de su matrimonio, cuando Lucy arrojó su anillo de boda con enojo y cómo más tarde encontraron la reconciliación y el perdón. No pasó mucho tiempo antes de que todos lloráramos.

> El anhelo más profundo de la naturaleza humana es ser apreciado.
>
> *William James*

Eran lágrimas de alegría, por supuesto, alegría que dura hasta hoy. Esa visita de gratitud se hizo más conmovedora y significativa cuando supimos que a Dennis le diagnosticaron un tumor cerebral. Falleció a los cincuenta y ocho, menos de un año después.

Saborea los buenos momentos

La Coca-Cola fue inventada en 1886 por un farmacéutico llamado «Doc» John Pemberton. Luchó en la Guerra Civil y al final del conflicto, viviendo en Atlanta, vio que las fuentes de soda estaban aumentando en popularidad. Para 1920, Coca-Cola se podía encontrar en el noventa y nueve por ciento de las refresquerías en todo Estados Unidos.

Aunque Pemberton la inventó, un hombre llamado Asa Candler la vendía. Candler creía firmemente en la importancia de la publicidad, lo que lo llevó a distribuir miles de boletos de cortesía para brindar vasos de Coca-Cola gratis. También creía en promover la bebida en carteles, calendarios, jarras de soda e incluso en murales (esto fue antes que aparecieran las vallas publicitarias).

> Recuerda que lo que ahora tienes es una de las cosas que solo esperabas.
>
> *Epicuro*

También se le ocurrió uno de los eslóganes de mercadeo más exitosos de todos los tiempos: *«La pausa que refresca»*.

El eslogan hizo su debut en el programa Saturday Evening Post justo antes del comienzo de la Gran Depresión. Se destacaba que los hombres y las mujeres trabajaban mejor si se les daban algunos descansos en su jornada laboral. El consumo per cápita de Coca-Cola se duplicó ese año.

La campaña «La pausa que refresca» duró hasta la década de 1950. Y el sentimiento sigue vivo hasta el día de hoy. Después de todo, ¿quién no quiere un momento refrescante para saborear, incluso si es solo un refresco frío y burbujeante? Candler aprovechó esa experiencia humana mucho antes de que se estudiara.

Hasta el presente, encontrarás muchos libros sobre cómo lidiar con los sucesos negativos de la vida, pero ¿qué hay de disfrutar los buenos eventos por todo lo que valen? Ese es el negocio de saborear.

«Se supone que cuando suceden algunas cosas buenas, la gente naturalmente se alegra por ello», dijo Fred Bryant, psicólogo social de Loyola University Chicago. Su investigación, sin embargo, sugiere que no siempre respondemos a esas «cosas buenas» de manera que maximicen sus efectos positivos en nuestras vidas.

Bryant es el padre de la investigación sobre el sabor, o el concepto de que estar atento y consciente de tus sentimientos durante los sucesos positivos puede aumentar la felicidad a corto y largo plazo. ¿Qué recomienda él para disfrutar el momento? Veamos a continuación:

- *Comparte tus buenos sentimientos con los demás*, sobre todo con tu cónyuge. «Saborear es el adhesivo que une a las personas, y es esencial para prolongar las relaciones», dijo Bryant. «Las personas que saborean juntas permanecen juntas».
- *Forja tus recuerdos.* Considera, de manera consciente, las cosas que quieres recordar más adelante, como el sonido de la risa de un compañero o un momento conmovedor entre dos miembros de la familia. Acéptalo en tu mente.
- *Agudiza tus sentidos.* Apartar más tiempo para usar tus sentidos hace que flexiones conscientemente tus músculos saboreadores. Puedes hacer eso cerrando otros sentidos para afinar uno. Por ejemplo, los estudios revelan que, si las personas disfrutan el aroma de un buen plato de pasta antes de ingerirlo, disfrutarán aun más del sabor. Esto implica disminuir la velocidad mientras comes, una clave para saborear.

- *Aprovecha el momento.* Intenta desactivar tu deseo de hacer varias cosas a la vez y permanecer en el aquí y el ahora. Si estás realizando una obra de arte, escuchar un mensaje en tu teléfono te alejará del placer.
- *Disfruta el paso del tiempo.* Los buenos momentos pasan rápido, así que debes saborearlos conscientemente. Percatarte de cuán efímeros son algunos momentos y desear que duren más, te motiva a disfrutarlos mientras surgen. Simplemente puedes decirte a ti mismo: «Este es un día muy bueno, sé que disfrutaré los buenos recuerdos».

El punto de saborear las cosas es hacer que las experiencias positivas duren más contigo y no que la atención a ellas se desvanezca, de modo que te enfoques en otra cosa mientras el momento positivo se desvanece también con rapidez.

Un pensamiento final en cuanto a cuando cuentan sus bendiciones juntos

La gratitud es un impulsor poderoso para ser feliz en el amor. No hay duda de ello. Pero si luchas para que el dial se vuelva gratificante en tu relación, queremos dejarte con un motivador comprobado a fin de que comiences. Tiene que ver con imaginar la vida sin tu pareja. Es una sacudida para el corazón, pero puede ser la que despierte el valor que permanece latente durante mucho tiempo.

Si te enfocas en encontrar lo bueno de cada situación, descubrirás que tu vida se llenará de gratitud, un sentimiento que nutre el alma.

Harold Kushner

En *La historia de Lisey*, el prolífico autor Stephen King contó el relato ficticio de una viuda dos años después de la muerte de su marido. «Me quedé despierta cuando escuché el reloj en la mesita de noche y el viento afuera, y entendí que estaba realmente en casa», dijo Lisey, «que estaba en la cama contigo… Mi corazón se quebrantó con gratitud. Creo que fue la primera vez que sentí agradecimiento. Me quedé allí a tu lado mientras las lágrimas corrían por mis mejillas y sobre la almohada. Te amé entonces, te amo ahora y te he amado en cada segundo transcurrido».[12]

No necesitas una tragedia para que tu corazón rebose de gratitud. Solo imagínate cómo sería tu vida sin la persona que más amas. Si ambos supusieron un poco más de lo que quisieran, es hora de reavivar la gratitud por el regalo que se hacen el uno al otro. Y si tu relación ha sido golpeada en la costa rocosa, es aún más importante saber que las luchas terminan cuando comienza la gratitud.

Para reflexionar

1. ¿Qué opinas de tu puntuación en la autoevaluación de la gratitud en este capítulo? ¿Qué te dice eso? ¿Cómo se compara con el de tu compañero? Tómense un momento para analizar juntos sus puntajes.

2. ¿Qué piensas de comenzar un diario de agradecimiento? ¿Es eso algo que te gustaría hacer? ¿Por qué? ¿Qué impide que lo hagas?

3. Al reflexionar sobre una visita de gratitud, ¿hay una pareja que recuerdes que te haya guiado en tu relación y a quien te gustaría expresarle agradecimiento? Si no, ¿qué personas estarían en tu lista como potenciales destinatarios? ¿Qué tan probable es que hagas este ejercicio?

4

Prueba cosas nuevas

Los niños son felices porque no tienen
un archivo en sus mentes llamado «Todas
las cosas que podrían salir mal».

Marianne Williamson

—¿Nos inscribiste en qué?

—En una clase de trapecistas —dijo Les.

—¿Cómo; volar por el aire con la mayor facilidad «tipo trapecio»?

—Sí. Encontré una oferta especial que estaban ofreciendo en Groupon, es como la mitad del precio o algo así. —Les estaba hablando como si nos hubieran pedido un par de sándwiches de jamón.

—No me preocupa el dinero. Me preocupa nuestra seguridad.

—Empiezan enseñando en el suelo, antes de hacer trucos en el aire y esas cosas —dijo con la cara seria—. Será divertido.

> Somos gente sencilla y tranquila que no tiene una rutina de aventuras. ¡Cosas desagradables, inquietantes, incómodas! ¡Que te hacen llegar tarde a la cena!
>
> *J. R. R. Tolkien*

—¿Estás loco? —refuté—. No deseo unirme al circo de Ringling Brothers.

Les rió a carcajadas ante mi actitud y comenzó a mostrarme fotos en el sitio web. Las imágenes no contribuyeron a aliviar mi ansiedad, pero finalmente accedí (Les sabía que lo haría).

Cuando entramos al Aerialdrome, Les dijo:

—Observa, tienen una red debajo de todo para que uno no se lastime si se cae.

Miré buscando el trapecio que lanzara al menos a ocho metros de altura cuando nuestro instructor se acercó.

«Deben cambiarse de ropa y comenzar a calentar sus músculos», nos dijo el instructor. «Así es mucho más fácil colgarse en la barra de rodillas».

Miré a Les, con los ojos bien abiertos, mientras caminábamos hacia nuestros respectivos vestuarios. Les solo sonrió y me hizo un guiño con sus cejas.

Resultó que no fue tan malo como pensaba. Después de estar conectada a la plataforma alrededor de mi cintura y aprender las técnicas de despegue, estaba en el aire y aprendiendo a permanecer colgada de mis rodillas, a los treinta minutos de la lección. ¡Ahhh! Y antes de que terminara la clase, después de recuperar el coraje, estaba volando en las manos de otro instructor que me atrapó desde otro trapecio. ¡Ahhhh, otra vez!

Claro, estaba pegada a un arnés que me impedía caer y sí, durante toda la clase había una enorme red debajo, pero esa no era una cita normal para cenar y ver una película.

Eso fue algo fuera de lo común. Fue una aventura.

Y eso es exactamente lo que este capítulo está dedicado a ayudarte a hacer: experimentar más aventuras. No te preocupes, no se requieren actos de trapecio. Todo lo que pedimos es que explores cómo el probar nuevas actividades puede afectar positivamente tu relación. Es un secreto que las parejas más felices saben: experimentar nuevas cosas juntos genera una felicidad más profunda y un amor mayor.

Definición de aventura

«La aventura debe comenzar al salir de casa», dijo el periodista británico William Bolitho. La aventura comienza cuando salimos de nuestra rutina. Lo familiar excluye la emoción. Por definición, *aventura* es una experiencia emocionante o inusual. Algo novedoso y desconocido.

A veces escuchas a la gente hablar del «espíritu aventurero». Se refiere a ser un poco atrevido y audaz, a tomar medidas. Después de todo, como dice el dicho, no se puede cruzar el mar simplemente parándose y mirando el agua. La aventura requiere que participes en la experiencia.

> Aventurarse causa ansiedad, pero no aventurarse es perderse lo bueno de uno mismo.
>
> *Søren Kierkegaard*

La raíz latina *de aventura* literalmente significa «llegar». Así que cuando estás en una aventura es que ya has llegado a tu destino, porque es la emoción del viaje lo que estás buscando, no un lugar final.

En qué manera aumenta tu felicidad el hecho de probar cosas nuevas

Para averiguar qué hacen las personas en un día típico, los entrevistadores hablaron con cuatro mil estadounidenses. Se les pidió a los participantes del estudio que dividieran el día anterior en períodos de quince minutos y revivieran lo que hicieron, con quiénes estuvieron y cómo se sintieron. Esas cuatro mil personas se seleccionaron para representar a cada parte de los Estados Unidos, haciendo coincidir los datos del censo sobre edad, género, etnia, etc.

> No temas extenderte más allá de tu rutina. Ahí es donde se encuentran la alegría y la aventura.
>
> *Herbie Hancock*

¿Los resultados? En un día típico, pasamos un poco más del diecisiete por ciento de nuestro tiempo en actividades que consideramos divertidas y significativas. Eso es solo veinticinco minutos por día haciendo lo que nos gusta: compartir el tiempo de calidad con nuestro cónyuge, escuchar música, disfrutar de la naturaleza, etc. Y la gran mayoría de nosotros gastamos casi el veinte por ciento de cada día en actividades insatisfactorias como ir al trabajo o arreglar un electrodoméstico roto.

El resto de nuestro tiempo lo pasamos en el ínterin, aceptando pasivamente lo que sea que nos depare el día.[1] Es evidente que la gran mayoría de nosotros no se despierta por la mañana gritando: «*¡Aprovecha el tiempo!*»

Vivimos sin pasión y sin un espíritu aventurero.

¿Por qué es eso? Para ser francos, jugamos a lo seguro. Nos va bien en la vida. Lo estamos logrando. Hemos encontrado un ritmo fácil en la vida y en el amor. El único problema es que este surco, si no somos conscientes, con el tiempo puede convertirse en una rutina. Y cuanto más tiempo permanezcamos atrapados ahí, experimentamos menos pasión y felicidad.

Una encuesta de opinión pública realizada por el National Opinion Research Center descubrió que más de la mitad de los adultos de veintitantos años califican sus vidas como «emocionantes». Una vez que las personas llegan a los cuarenta años, eso se reduce a cuarenta y seis por ciento. A los sesenta años cae al treinta y cuatro por ciento. El filósofo, médico y músico francés ganador del Premio Nobel, Albert Schweitzer, creía fervientemente en esto: «La tragedia de la vida es lo que muere dentro de una persona mientras vive».

¿Sabías que la dopamina en el cerebro es esencial para la felicidad? Tal vez eso es a lo que se refería el doctor Schweitzer. A medida que envejecemos, perdemos la dopamina y no se regenera. En otras palabras, la usamos o la perdemos. El cerebro es como un músculo que necesita un nuevo ejercicio cada día para mantenerse en forma.

Probar cosas nuevas hace exactamente eso. Aumenta nuestra felicidad. El psicólogo Rich Walker de la Universidad Estatal de Winston-Salem y su equipo de investigadores revisaron treinta mil recuerdos de eventos escritos en más de quinientos diarios, que iban desde tres meses hasta cuatro años. ¿Qué encontraron? Las personas que participan en una variedad de experiencias novedosas tienen más probabilidades de experimentar y retener las emociones positivas y minimizar las negativas. Las personas que registran menos experiencias nuevas sintieron significativamente menos felicidad y mucha más depresión.[2]

¿El consejo de Walker? «Deja de posponer el hecho de admirar un atardecer, calentarte en las aguas termales de Groenlandia o aprender un nuevo instrumento, simplemente hazlo. Si a menudo haces algo que te hace feliz, prueba con otra cosa».[3]

¿Cuál es tu coeficiente aventurero?

¿Eres un alma aventurera o te inclinas a acurrucarte en tu comodidad y jugar a lo seguro? Haz este breve cuestionario para que tengas algo de luz. Simplemente responde cada pregunta con franqueza.

1. Me emociona la perspectiva de una nueva experiencia.

Para nada   *Absolutamente*

  1   2   3   4   5   6   7   8   9   10

2. La mayoría de las personas que me conocen dirían que tengo un espíritu aventurero.

Para nada   *Absolutamente*

1   2   3   4   5   6   7   8   9   10

3. No temo hacer algo que pueda ser un poco embarazoso si ello significa pasar un rato divertido.

Para nada   *Absolutamente*

1   2   3   4   5   6   7   8   9   10

4. Prefiero intentar y fracasar que no intentarlo en absoluto.

Para nada   *Absolutamente*

1   2   3   4   5   6   7   8   9   10

5. Me identifico con este sentimiento: ser sorprendido solo por la lluvia es una molestia, pero ser atrapado bajo la lluvia con mi pareja es una aventura.

Para nada   *Absolutamente*

1   2   3   4   5   6   7   8   9   10

Puntuación total: _____

Entiende tu puntuación

Tu puntuación puede variar entre 5 y 50. Cuanto mayor sea, más probabilidades tendrás de ser aventurero. En otras palabras, será más fácil para ti probar cosas nuevas junto con tu pareja. Independientemente de la puntuación, todos pueden ir más allá de su rutina e incursionar en una aventura. Simplemente, la cuestión es qué tan duro estás dispuesto a trabajar en eso.

Lo que el probar cosas nuevas hace por tu relación

El comienzo de cualquier relación romántica es emocionante, en parte debido a la novedad de experimentar la vida con una nueva persona. Pero las investigaciones revelan que la novedad se pierde apenas unos dos años después del matrimonio. Avanza una década o más y probablemente encuentres una pareja cuya vida se haya vuelto relativamente rutinaria: las mismas comidas, los mismos programas televisivos, los mismos restaurantes, los mismos destinos vacacionales y las mismas conversaciones. Y aunque la familiaridad puede ser reconfortante, también puede inducir al aburrimiento. La rutina rara vez hace que los corazones se aceleren como lo hicieron una vez.

Arthur Aron de la Universidad Estatal de Nueva York, en Stony Brook, y sus colegas de otras universidades sentían curiosidad por ver si podían ayudar a las parejas casadas experimentadas a volver a sentir la emoción del noviazgo y sus primeros años juntos.[4] Específicamente, ¿lograr que las parejas rompan la monotonía de la vida matrimonial, reaviven la excelencia y aumenten su felicidad?

Aron colocó anuncios en periódicos para parejas que estuvieran dispuestas a participar en un experimento que exploraba los «factores que afectan las relaciones». Cuando los voluntarios llegaban al laboratorio, cada pareja completaba un cuestionario sobre su relación y se asignaba aleatoriamente a uno de dos grupos. Luego, los investigadores quitaron las mesas y las sillas, extendieron algunas colchonetas de gimnasia y comenzaron la siguiente parte del estudio.

A la mitad de las parejas, los investigadores les facilitaron un rollo de cinta Velcro y les explicaron que estaban a punto

> Estar bajo la lluvia solo da frío. Estar bajo la lluvia con tu mejor amigo es una aventura.
>
> *Emily Wing*

de participar en un juego. Si los ojos de las parejas se iluminaban e intercambiaban miradas de complicidad, los investigadores guardaban rápidamente la cinta Velcro y les pedían que se fueran. Con todos los demás, el equipo utilizó el Velcro para asegurar la muñeca derecha de una persona a la muñeca izquierda de su par, y también para unir sus tobillos derecho e izquierdo.

> El placer que más rara vez experimentamos es el que nos da mayor deleite.
>
> *Epicteto*

Los investigadores colocaron un obstáculo de espuma de un metro de altura en el centro de la habitación y le dieron a cada pareja una almohada grande.

Cada pareja tenía que ponerse de rodillas, gatear hasta el obstáculo, trepar por él, arrastrarse hasta el otro lado de la habitación, dar la vuelta, volver al obstáculo, trepar nuevamente y regresar a la posición inicial. Para hacer las cosas un poco más interesantes, se les pidió que sostuvieran la almohada entre sus cuerpos en todo momento (no se permitían las manos, los brazos ni los dientes) y solo tenían sesenta segundos para completar el recorrido. Para que nadie terminara decepcionado, el equipo de investigación les quitó los relojes a los participantes pretendiendo que todos completarían la tarea en el tiempo asignado.

A las parejas del otro grupo se les pidió que hicieran algo mucho más frívolo, como llevar una pelota a un lugar designado en el centro de la habitación. Se le pidió al compañero que mirara desde un lado de la sala y finalmente le pidieron que cambiara de lugar para la misma tarea.

Al final del experimento, todas las parejas completaron varios cuestionarios, clasificando, por ejemplo, el grado en que su pareja los hacía «sentir un hormigueo» y «rebosar de felicidad». ¿Había alguna diferencia entre los dos grupos? Adivinaste. Las parejas que conquistaron el obstáculo de la espuma eran mucho más amorosas entre sí que aquellos que habían completado la tarea de rodar la pelota. En realidad, se encontraron mutuamente más atractivos que el otro grupo.

Gracias por eso. Solo unos minutos de una actividad conjunta nueva y divertida parecían haber hecho maravillas para aumentar la felicidad y la intimidad.[5]

No tenemos problemas para creer en estos resultados. Probablemente puedas imaginarte la conversación durante la cena que tuvimos después de nuestra clase de trapecio volador juntos. Los dos estábamos animados y riéndonos más de lo común:

> El matrimonio es una aventura, no un logro.
>
> *David A. Seamands*

«No pensé que ese tipo iba a atraparte».

«Lo sé. Estaba tan nervioso que apenas podía enfocarme en lo que se suponía que debía hacer. ¿Viste su cara cuando solté la barra?»

La experiencia nos sacó de nuestra rutina. Sabes lo que es ese sentimiento. Te emocionas. La adrenalina bombea a mil. Tu cerebro es rico en dopamina. Te sientes feliz con el amor. De hecho, si te sometieras a una exploración cerebral luego del momento eufórico, verías que el área del cerebro que controla el miedo y otra región involucrada en emociones negativas se cerraría. Es lo mismo que sucedió al principio de tu relación cuando salían y peleaban entre sí. Experiencias nuevas y emocionantes, juntas, hacen que se vuelvan a encender esos sentimientos amorosos y se exploren esos mismos «lugares felices» en tu cerebro. En otras palabras, probar cosas nuevas los hace felices a los dos. Podría decir que probar cosas nuevas es la droga del amor para las parejas casadas.

Cómo probar cosas nuevas los dos juntos

La cadena hotelera Holiday Inn publicaba un anuncio que decía: «La mejor sorpresa no sorprende en absoluto». ¿En serio?

¿Quieres visitar un lugar nuevo y encontrar que es como cualquiera en el que has estado antes? Si no es así, estás listo para la aventura. Veamos algunos consejos nuevos sobre cómo revitalizar tu relación con algunas aventuras y varias sorpresas. Como siempre, apóyate en los consejos que crees que funcionen mejor para ti.

Háganse fanáticos los dos

«Mi esposo, Edward, es fanático de los halcones y especialmente de las águilas doradas que están regresando a nuestra zona de Georgia», dijo Barbara Brown Taylor, profesora del Piedmont College en la zona rural de Georgia. «Conducir por la autopista con él puede ser una prueba de nervios ya que se inclina sobre el volante para observar las plumas de las alas de un ave particularmente grande».

Su esposo, como cualquier otro entusiasta de las aves, quiere saber si es un águila o simplemente un buitre de Turquía.

Es más, como dijo Barbara, Edward tiene que saber, aunque eso signifique avanzar por el camino por un tiempo o salirse de vez en cuando. «Mi punto de vista», continuó, «es un poco diferente: 'Mantén tus ojos ¡en el camino!', le grito. '¿A quién le importa lo que es? Te compraré un libro de pájaros; incluso un pájaro, solo observa a dónde vas'».

Hace un par de veranos, los horarios de Barbara y Edward los mantuvieron separados por dos meses; por eso pensó que descansaría de los halcones. «Al contrario, comencé a verlos en todas partes», dijo, «volando, en espiral en corrientes térmicas crecientes, encima de la copa de los árboles. Al verlos, realmente por primera vez en mi vida, comprendí que no los veía con mis propios ojos

> Combina dos pasados en uno solo y con mucho gusto arriesgaré dos futuros en un voto.
>
> *Stanly Wiersma*

sino con los de Edward. Él no estaba allí, así que los estaba viendo por él».

Barbara no podía esperar a conectarse con su esposo y contarle sobre los halcones que había visto. Barbara se estaba convirtiendo en una fanática de las aves como su esposo. Y cuando los dos comparten una pasión, sean las aves, Beethoven o el desayuno, construyen un vínculo que aumenta la felicidad en conjunto. Sin embargo, ¿qué pasa si no puedes apoyarte en una pasión que uno de los dos ya tiene? Ahí es cuando llega el momento de hacer algo completamente diferente. Es hora de convertirse en fanáticos los dos. ¿Cómo? Al elegir una nueva pasión por cualquier cosa en la que ambos estén de acuerdo. Puede ser visitar museos, juegos de pelota, antigüedades, motocicletas, jardinería, pintura, automóviles, genealogía, buceo, carpintería, fotografía, tenis o cualquier otra cosa que se les ocurra. Un fanático es alguien que se entrega con entusiasmo o celo extremos y sin crítica por algo. ¿De qué podrían ser fanáticos los dos? No tiene que ser para siempre. Podría ser por un año o hasta por un verano.

Tenemos unos amigos que han estado casados unos veinte años y que se tomaron esto en serio. Decidieron convertirse en fanáticos de las montañas rusas. Habían montado en ellas en su juventud, pero decidieron hacer algo un poco loco, y también involucraron a sus dos hijos adolescentes. Vieron un documental sobre montañas rusas que los inspiró. Compraron un libro sobre algunas de las montañas rusas más famosas de Estados Unidos. Hicieron una lista de las diez montañas rusas que querían montar, incluidas las más altas, las más rápidas, las más antiguas y las más largas. Planearon sus vacaciones en base a eso. En resumen, se convirtieron en fanáticos de las montañas rusas. Y se embarcaron en esa aventura.

Menciona el nombre de cualquier montaña rusa y seguro que ellos pueden contarte todo sobre ella, aun cuando no la hayan montado todavía.

Por tanto, sea observar aves, montar montañas rusas o cualquier otra cosa, considera la posibilidad de convertirte en fanáticos junto con tu par, al menos durante una temporada, y es posible que eso les sorprenda.

Excítate con un poco de monogamia ardiente

«¿Quieres que ponga qué dónde?» Esa pregunta, por parte de uno de los cónyuges, es suficiente para impedir el progreso de la relación sexual de cualquier pareja. Pero si ha pasado mucho tiempo desde que probaste una nueva posición sexual, si te has acostumbrado a una «posición determinada» como la mayoría de las parejas casadas después de algunos años, puede ser momento de olvidar eso.

¡Tienes que pedir! Pedir es, en mi opinión, el secreto más poderoso y olvidado del éxito y la felicidad del mundo.

Percy Ross

Quizás incluso hayas olvidado que hay numerosas opciones a tu disposición. Veamos algunas: *el columpio, el perrito, el tigre al acecho, el escondite, la cuchara, el herborista, la sirenita y la siempre escurridiza telaraña.*

No estamos seguros de saber siquiera cuáles son la mayoría de los mencionados, pero sabemos que si tu vida sexual los está durmiendo a los dos, una nueva posición los despertará a ambos. No es necesario que revises un ejemplar del Kamasutra. Hay numerosas ayudas saludables en esta área. Kevin Leman cubre los conceptos básicos de varias posiciones sexuales en su libro *Sheet Music,* al igual que Cliff y Joyce Penner en su libro *The Gift of Sex.*

Este es el punto: hay una poderosa tendencia en el matrimonio perdurable que favorece lo predecible por encima de lo impredecible. Sin embargo, sin un elemento de incertidumbre reducimos nuestra anticipación y excitación sexual.

Ahora, tenemos que presentar un calificador importante en las posiciones sexuales. Cuando se trata de un orgasmo alucinante y que hace estremecer la cama, lo mejor es mantenerlo simple. Seguro, salvaje, loco, el sexo nunca lo supo, podría evitar que tu vida amorosa sea emocionante, pero si el objetivo del momento es romper los récords de placer, no puedes descuidar lo básico.

Ah, y ya podría ser hora de pensar fuera de la cama. ¿Quién dijo que tu vida sexual está limitada a tu colchón? Si deseas darle vida a tu amor, busca una nueva ubicación. Al igual que una nueva posición aumenta la excitación y la emoción en ocasiones, también lo hace una ubicación sexual única. Por ejemplo, ¿ha pasado un tiempo desde que disfrutaste del sexo en tu bañera o la ducha con tu cónyuge? ¿O qué tal hacer algo en el garaje después de cenar para encender la pasión antes de ir los dos a su habitación? Entiendes la idea. No me digas que no has pensado en eso. Entonces, ¿por qué no invitas a tu pareja a un nuevo espacio para una pequeña aventura y un cambio de ritmo?

Hagan nuevos amigos

Éramos cinco parejas que no nos habíamos conocido, pero todos estábamos en el mismo barco, con uno de los cónyuges comenzando un doctorado de seis años. De alguna manera nos juntamos por ciertos intereses comunes en uno de nuestros apartamentos. Éramos todos nuevos en Los Ángeles y comparábamos notas sobre dónde comprar comestibles, probar restaurantes y cosas así por el estilo.

> Aquí comienza una excelente aventura. Que nunca termine.
>
> *Jason Mraz*

Entonces alguien dijo: «Deberíamos comenzar un pequeño grupo y reunirnos todas las semanas». Y eso hicimos. Durante seis años nos rotamos en las casas de cada uno y nos reuníamos sin más motivo que por amistad, como parejas. Y eso marcó la diferencia. Compartíamos y celebrábamos nuestras experiencias. Sin embargo, saber que teníamos una red de seguridad como amigos no nos ayudaba a levantar el ánimo ni a aumentar la felicidad.

«De todos los medios para asegurar la felicidad a lo largo de toda la vida, el más importante es hacer amigos», dijo el filósofo griego Epicuro. Y escribió esas palabras en algún lugar alrededor del año 300 a. C., antes que los científicos sociales se pusieran a investigar su afirmación. Pero hoy tenemos una montaña de estudios que revelan qué tan preciso fue Epicuro.

En 1937, un investigador de la Universidad de Harvard inició un estudio sobre los factores que contribuyen al bienestar y la felicidad del ser humano. El equipo investigativo seleccionó a doscientos sesenta y ocho estudiantes varones de Harvard que parecían saludables y bien equilibrados para formar parte de lo que se denomina un estudio longitudinal, lo que significa que los investigadores estudiarían la vida de esos hombres no solo en un momento determinado, sino en un extenso período de tiempo. En ese caso, el período ha sido extraordinario: setenta y dos años. Con tantos años de perspectiva, el estudio ofrece un punto de vista integral sobre lo que ha afectado el nivel de salud y felicidad de los hombres a lo largo de la vida.

El estudio también ha rastreado una variedad de factores que incluyen elementos normales medibles como ejercicio físico, niveles de colesterol, estado civil, consumo de alcohol, tabaquismo, niveles de educación y peso, pero también factores psicológicos más subjetivos, como la forma en que una persona emplea mecanismos de defensa para enfrentar los desafíos de la vida.

En el lapso de esos setenta y dos años, varios estudiosos han dirigido la investigación. Durante los últimos cuarenta y dos años, el director ha sido el psiquiatra George Vaillant. Recientemente, alguien le preguntó al doctor Vaillant, de setenta y ocho años de edad, qué había aprendido sobre la salud y la felicidad humanas a partir de sus años de minucioso estudio de los datos sobre esos doscientos sesenta y ocho individuos. Uno esperaría una respuesta compleja de un científico social de Harvard, pero su secreto para la felicidad fue asombrosamente sencillo: «Lo único que realmente importa en la vida son tus relaciones con otras personas».[6]

> La felicidad consiste de actividad. Es un flujo de acciones, no algo inactivo.
>
> *John Mason Bueno*

Muchos estudios subestiman este punto. El hecho más perspicaz es este: las personas con los niveles más altos de felicidad tienen vínculos fuertes e irrefutables con sus amigos y se dedican a compartir tiempo con ellos.

Y las parejas que comparten amistades, en las que ambos cónyuges disfrutan de la amistad de la otra pareja, son los más felices del planeta.[7]

Por supuesto, encontrar y establecer amistades con otras parejas puede ser una aventura. Así que este es nuestro desafío para ti: si tu círculo de amigos como pareja es un poco pequeño o inexistente, comienza uno con otras parejas. Simplemente busca otras dos o cuatro parejas que te gustaría conocer e invítales a tu casa. Pueden hacerlo de manera informal sin otro interés que estar juntos, o pueden preparar un breve estudio de un libro o incluso ver un programa. El objetivo es intentar constituir su red social de conexión con otras parejas y hacer un poco de vida junto con ellos. ¿Es algo arriesgado? Por supuesto. Es por eso que es una aventura.

Adquiere experiencias, no cosas

Una encuesta nacional les pedía a las personas que pensaran en un objeto o experiencia que adquirieron con el fin de aumentar su felicidad. Luego tenían que calificar lo bien que les funcionó. Por ejemplo, la compra de un nuevo teléfono inteligente, un suéter o un mueble. Por otro lado, adquirir una experiencia como salir a comer, asistir a un concierto o reservar unas vacaciones.

Los investigadores de la encuesta hicieron un segundo estudio en el que dividieron aleatoriamente a las personas en dos grupos; le pidieron a un grupo que pensara en un objeto que habían comprado recientemente y al otro que describiera una experiencia en cuanto a compras. Los resultados de ambos estudios indicaron claramente que, en términos de felicidad a corto y largo plazo, adquirir experiencia hace a las personas más felices que comprar productos.[8]

¿Por qué es esto? Los investigadores creen que se debe a que nuestros recuerdos se distorsionan un poco con el tiempo.[9] Tendemos a editar las partes que no son muy felices, como un viaje en un avión estrecho y, sobre todo, recordar el maravilloso momento de relajarnos en la playa. Las experiencias tienden a mejorar con la edad. Los bienes que compramos, por otro lado, tienden a perder su brillo al envejecer, gastarse y quedar obsoletos. Pasamos más tiempo, en general, contemplando nuestras experiencias que haciendo compras materiales. Además, las experiencias promueven uno de los comportamientos más efectivos en la inducción de la felicidad que tenemos las parejas: pasar tiempo con los demás.[10]

Por tanto, si estás ansioso por comprar algo de felicidad, gasta el efectivo que te has ganado esforzadamente en experiencias. Sal a comer bien. Ve al teatro o a un crucero. Compra una aventura en vez de un objeto.

Un pensamiento final en cuanto a probar cosas nuevas los dos juntos

¿Recuerdas la exitosa película Titanic, estrenada en 1997? En ella se narra el épico romance en aquel trágico viaje y se muestra cómo Jack Dawson se gana el afecto de una joven rica llamada Rose Bukater. Aunque al principio Rose rechaza a Jack, anhelaba muy en el fondo que alguien la liberara de su sombría vida.

En la escena más famosa de la película, Rose decide darle una oportunidad al romance y va en busca de Jack en la proa del barco. Cuando ve su cambio de sentimientos hacia él, se acerca y le dice: «Toma mi mano». Él le pide que no hable, que cierre los ojos, y luego la lleva hasta la proa del barco. La tiene de pie en la barandilla, mientras la mantiene firme. Y le pregunta: «¿Confías en mí?»

Ella responde: «Confío en ti».

La escena brilla cuando la puesta de sol ilumina el trasfondo. Cuando Jack estira los brazos sobre la proa y le dice que abra los ojos, ella se siente abrumada por la belleza de las aguas y la puesta de sol que tiene al frente. Todo lo que ella puede decir es: «¡Estoy volando!»

Rose está siendo rescatada de una vida predecible y desapasionada e invitada a buscar algo más. Esa es la sensación de la emoción y la aventura, por decir algo. De hecho, es una aventura exagerada de Hollywood además de un asombroso romance: todo lo necesario para que una película épica gane once Premios de la Academia.

Por dicha, no tienes que navegar en un barco condenado a hundirse para crear tu aventura épica. Cada vez que prueben juntos algunas cosas nuevas, están en camino a desafiarse y a aumentar la felicidad de ambos. Probar cosas nuevas te ayuda a enamorarte una y otra vez. Después de todo, «un matrimonio exitoso —dice Germaine Greer—, requiere enamorarse muchas veces, siempre de la misma persona».

Para reflexionar

1. ¿Qué es lo que te mantendría en tu rutina y te impediría probar cosas nuevas con tu par? Más importante aun, ¿qué necesitas para levantarte y salir de tu rutina?

2. ¿Qué opinas del estudio descrito en el capítulo en el que las parejas estaban unidas con Velcro para realizar una nueva tarea de simplemente completar una carrera de obstáculos? ¿Te sorprende que algo tan básico como eso pueda elevar tu felicidad? ¿Por qué?

3. De las sugerencias e ideas que hay en este capítulo para ayudarte a probar algo nuevo, ¿cuál es más probable que pruebes y cuándo? Sé específico.

5

Sueñen juntos

La esperanza es en sí misma una especie
de felicidad, quizás la mayor que ofrece
este mundo.

Samuel Johnson

Tal vez hayas visto *Up*, la película animada de Pixar que representa la última aventura de un vendedor de globos de setenta y ocho años llamado Carl Fredricksen. Si tienes niños en tu hogar, es casi un requisito verla, al menos en nuestros círculos.

Uno de los elementos más importantes de la película es la viudez de Carl. Su esposa, Ellie, era más que el amor de su vida; también era la chispa y el espíritu. Pero debido a que la historia comienza un tiempo después de la muerte de Ellie, los realizadores tuvieron que hallar una forma de comunicar la profundidad y el significado de la relación de Carl y Ellie en una manera que no se alejara de la trama principal. La solución fue un pequeño esbozo al comienzo de la película que detalla rápida y poderosamente la historia de sus vidas. No hay diálogo, solo una serie de escenas breves perfectamente complementadas por una partitura musical. No obstante el resultado dice mucho sobre los emocionantes altibajos en la vida del matrimonio. En gran parte, sin embargo, habla del sueño de la pareja.

El libreto se inicia con un breve vistazo del día de la boda de Carl y Ellie; luego pasa a su primera vivienda y a los trabajos iniciales de Carl como vendedor de globos en un zoológico y de Ellie como empleada del zoológico. La pareja sube corriendo una colina cubierta de hierba, luego mira hacia el cielo y ven las imágenes que se forman en las nubes. Todas las nubes tienen forma de bebés, por lo que Carl y Ellie pintan una guardería infantil. Es una mirada idílica a los jóvenes enamorados y al matrimonio.

Pero esta no es una vida idílica. La escena cambia y Carl y Ellie se encuentran en una habitación de hospital con diagramas prenatales en las paredes. Un doctor está hablando y gesticulando. Ellie llora, sus manos cubren su rostro. Carl consuela a su esposa recordándole un viejo sueño que tuvieron cuando eran niños: viajar juntos a un lugar llamado *Paradise Falls*. Rejuvenecida, Ellie crea un recipiente de ensueño con la etiqueta «*Paradise Falls*», en el que se guarda todo el dinero sobrante de la joven pareja.

> Tener un objetivo en la vida es el único futuro que vale la pena encontrar.
>
> *Robert Louis Stevenson*

De nuevo, sin embargo, la vida pasa. Primero, a su auto se le poncha una llanta. Luego Carl es internado en el hospital. Después, un árbol cae y daña el techo de su casa. Cada uno de esos inconvenientes requiere que se rompa el frasco de los sueños y se gaste el dinero ahorrado. Pronto Carl y Ellie tienen canas en el pelo. Y en un instante se vuelven ancianos.

Al final del libreto, Carl recuerda su sueño de visitar *Paradise Falls*, y compra dos boletos en una agencia de viajes. Pero Ellie se desmaya en su camino de regreso a la colina cubierta de hierba de su juventud. La vemos en la cama de un hospital, Carl le toma la mano y le besa la frente. Luego vemos a Carl sentado solo al frente de una iglesia. Sostiene un globo solitario en su mano.

Cuando termina el libreto, vemos claramente que Carl y Ellie se amaban profundamente. Su relación fue divertida, trágica, tierna y llena de esperanza. Tuvieron un sueño.

Y lo más probable es que tú también lo tengas. Cada pareja de recién casados comienza su relación con sueños. Por desdicha, el afán y la tensión de la vida tienen su forma peculiar de presentarse en nuestros sueños y nuestro proverbial «recipiente de sueños» corre el riesgo de ser aplastado. Tenemos que atender nuestros sueños antes que sea demasiado tarde. Y eso es exactamente lo que te ayudaremos a hacer en este capítulo. ¿Por qué? Porque seguir tus sueños es un ingrediente fundamental para que ambos sean felices. Pero está alerta: todos los sueños no son creados iguales. Algunos nos hacen más felices que otros, mucho más felices, como estamos a punto de ver.

Define el sueño

El matrimonio es el único escenario en el que tenemos el potencial de crear un mundo que sea de nuestro agrado. ¿Por qué? Porque determinamos nuestros sueños. Depende de nosotros crear una visión de lo que es posible en nuestro hogar y nuestra relación. Y eso es exactamente lo que es un sueño: una visión de lo que imaginamos, que es fuertemente deseada y esperada. Soñar implica una meta o un propósito que nos lleva a un lugar que anhelamos: un lugar donde seremos más felices. De hecho, es posible que te sorprendas al saber que la raíz antigua de la palabra sueño literalmente significa «alegría» o «gozo».

> Ser optimista no le hace daño a nadie. Siempre puedes llorar luego.
>
> *Lucimar Santos de Lima*

No puedes soñar sin optimismo ni esperanza. Ambas cosas son las puertas dobles a la felicidad. Cuando estábamos juntos en la escuela de postgrado, uno de nuestros profesores favoritos fue el conocido autor y erudito Lewis Smedes. Él decía que la esperanza se compone de tres ingredientes: en primer lugar, hay un deseo de que algo sea diferente. El segundo es la creencia de que puede suceder. Y el tercero es la preocupación de que no suceda. Ese es el problema. Nuestras creencias deben ser convincentes. Tememos que es posible que lo que esperamos no ocurra, por lo que si aumentan nuestros temores, tendremos menos esperanza. Es por eso que la esperanza humana —soñar con el futuro— implica riesgo. También es por eso que muchas parejas nunca se atreven a soñar.

En qué manera aumentan los sueños tu felicidad

Soñar reúne dos súper impulsores de la felicidad: el *optimismo* y el *control*. Cualquiera de estos aspectos es suficiente para aumentar de manera mensurable la satisfacción en la vida de la persona, pero cuando sueñan juntos, aprovechan el poder de ambos al mismo tiempo.

Considera el optimismo. Pocos rasgos se relacionan más con la felicidad personal que ver el vaso medio lleno en vez de medio vacío.

Cientos, si no miles, de estudios muestran que el optimismo lleva a una mejor vida que el pesimismo.[1] Se ha demostrado que las personas optimistas logran más, establecen relaciones más fuertes y tienen una mejor salud. Los optimistas también son más fuertes para evitar la depresión y recuperarse de las dificultades.

«¿Qué día es?»
«Es hoy», exclamó Piglet.
«Mi día favorito», dijo Pooh.
A. A. Milne

El doctor Dennis Charney, decano de la Escuela de Medicina de Mount Sinai, examinó aproximadamente a setecientos cincuenta veteranos de la Guerra de Vietnam que fueron prisioneros de guerra de seis a ocho años. Torturados y mantenidos en confinamiento aislado, estos setecientos cincuenta hombres fueron notablemente resistentes. A diferencia de muchos compañeros veteranos, no desarrollaron depresión ni trastorno de estrés postraumático después de su liberación, a pesar de que soportaron condiciones extremas. ¿Cuál fue su secreto? Después de extensas entrevistas y pruebas, Charney encontró diez características que los distinguen. En la parte superior de la lista estaba el optimismo. Tenían esperanza y podían imaginar la vida más allá de su sufrimiento. Su optimismo los ayudó a vencer.

> Pesimista es el que crea dificultades con sus oportunidades y optimista es el que aprovecha las oportunidades de sus dificultades.
>
> *Harry Truman*

Los optimistas creen lo que Víctor Hugo escribió en *Les Miserables:* «Incluso la noche más oscura terminará y el sol saldrá». Pero el optimismo hace más que reforzar la resiliencia y luchar contra la depresión. Eleva la felicidad.

Soñar también implica control personal. La gente feliz cree que tienen mucho que decir acerca de su destino. «El infierno es a la deriva lo que el cielo al control», dijo George Bernard Shaw. Aquellos que van a la deriva se sienten indefensos, como si nada de lo que deciden hacer afectara lo que les sucede. Todo depende de la suerte o el destino. Por el contrario, las personas que sueñan, que ven una visión de lo que puede ser su vida, toman medidas para que eso se concrete. Soñar galvaniza la acción para mejorar las cosas.

Al resumir las encuestas nacionales de la Universidad de Michigan, Angus Campbell dijo: «Tener un fuerte sentido de autocontrol es un indicador más confiable en cuanto a los sentimientos positivos que cualquiera de las condiciones objetivas de vida que hemos considerado». En otras palabras, más importante que un gran trabajo, un matrimonio perfecto, ganar buen dinero o tener buena salud para obtener la felicidad es tener control de lo que haces y adónde vas. Eso influye en la dirección de tu vida. En resumen, es tener libertad para seguir tus sueños.

El quince por ciento de la población que siente el mayor control sobre sus vidas tiene «sentimientos de felicidad extraordinariamente positivos», dice Campbell. Entre esas personas, tres de cada cinco, el doble del promedio nacional, son muy felices.

«Esperanza es la pasión que se siente por lo que es posible», dijo Søren Kierkegaard. Y lo que es posible para la persona que sueña es mayor felicidad.

¿Cuál es el coeficiente de tus sueños?

Pocas acciones hacen más por asegurar que nuestro matrimonio no sufra una depresión que soñar juntos.

S F Hemos hablado bastante sobre nuestros sueños con nuestra relación y nuestra vida juntos. Puedo recordar en qué punto estábamos y mucho de lo que dijimos.

V F Hablamos de nuestros sueños juntos, aunque sea por un momento, en el mes que pasó.

V F Hemos escrito nuestros sueños y sabemos dónde encontrarlos.

V F Tenemos una lista completa de cosas interesantes que nos gustaría hacer en algún momento de nuestras vidas.

V F Hemos dividido nuestros sueños más importantes en un conjunto de metas alcanzables.

V F Soy optimista en cuanto a lograr nuestros sueños juntos.

V F Algunos de nuestros sueños pueden no ser lo que la gente llamaría «divertido», pero son muy significativos para nosotros.

V F Puedo imaginarme nuestro matrimonio dentro de veinticinco años y sé lo que me gustaría que fuera.

V F Siento que en gran parte controlamos la dirección que nuestra vida lleva.

V F Pensar en nuestro futuro juntos me da energía.

Comprende tu puntaje

¿Cuántas de las afirmaciones anteriores son verdaderas para ti? Cuanto mayor sea el número, más probable es que estés en camino a soñar junto con tu cónyuge. Por supuesto, si tu puntaje fue más bajo de lo que deseas, no te desanimes. Encontrarás mucha ayuda en este capítulo.

Lo que tu relación gana al soñar juntos

«A veces, a altas horas de la noche, Tony y yo hablamos sobre cómo será nuestra vida cuando nuestros tres hijos crezcan y se vayan de la casa», dice la autora Charlotte Latvala. «Viajaremos.

Escribiré novelas; él hará gabinetes en su descuidado taller del sótano; tendremos una vida nueva y emocionante. No tengo certeza de cuánto de eso sucederá, pero hablar de ello nos hace sentir cercanos».

Y lo hace, con todos nosotros. Hablar juntos sobre cómo vemos el futuro es esencial para impulsar la felicidad en el matrimonio. Si no lo hacemos, aumentamos las probabilidades de fracasar en todos los frentes. Tom Lee, profesor de matrimonio y estudios familiares en la Universidad Estatal de Utah, recientemente completó una encuesta entre mil cuatrocientas personas casadas. Uno de los hallazgos fue que las parejas que normalmente hablan sobre sus planes a largo plazo tienen más probabilidades de permanecer felizmente casadas. «Si tienes una visión a largo plazo, te das cuenta de que los altibajos diarios no significan tanto», afirma. «Cuando hablas de tu futuro con tu pareja, comunicas que "planeas estar presente". El mensaje es que todavía hay muchos buenos momentos por venir».

Sin embargo, soñar juntos no solo eleva la felicidad cuando hablas de ello. La investigación revela que el mero hecho de estar cerca de tu cónyuge puede hacer que seas más optimista con tu punto de vista y menos intimidado por un desafío.

> Cuando soñamos solos, es nada más que un sueño; pero cuando soñamos juntos, es el comienzo de una nueva realidad.
>
> *Friedensreich Hundertwasser*

En una serie de estudios llevados a cabo por Simone Schnall de la Universidad de Plymouth, llevaron a varias personas al pie de una colina y les pidieron que calcularan cuán empinada era y, por tanto, cuán difícil sería escalarla.[2] Si lo hacían acompañados de su cónyuge o de una amistad, sus estimaciones eran casi un quince por ciento más bajas que si lo hacían solos, tanto que solo pensar en el cónyuge al mirar el cerro les hacía parecer mucho más superable.

En otras palabras, soñar juntos hace que tu sueño sea más alcanzable que si sueñas solo. Eso despierta el optimismo y potencia la acción. Los matrimonios felices se forjan con sueños y visiones.

Cómo soñar juntos

Lo más probable es que ya tengan sueños juntos. Los consejos en esta sección te ayudarán a perfeccionarlos. También pueden ayudarte a soñar nuevos sueños juntos. Apóyate en los consejos que sean más útiles.

Haz un viaje en el tiempo

Los sueños comienzan con lo que puede ser el más extraordinario de los talentos humanos: la capacidad de evaluar el pasado, retomar el presente e imaginar el futuro. Es decir, la capacidad de moverse hacia adelante y hacia atrás a través del tiempo y el espacio en tu mente. Es muy probable que descubras tus sueños cuando visualizas tu futuro. Así que nuestro primer consejo va directo al grano: visualiza tu futuro.

Imagínate unos años más adelante con la mayor cantidad de detalles posible. ¿Puedes ver tu rostro en el último año? Si no, la investigación de la Universidad de Stanford puede ayudarte. De hecho, los investigadores llaman cambiadores de juego a cualquiera que sueña y planifica su futuro. Y no están bromeando. Han desarrollado un software que envejece instantáneamente tu imagen y planean llevarlo al departamento de recursos humanos de tu empresa.[3]

> Cada uno de nosotros somos ángeles con una sola ala; por lo que solo podemos volar abrazándonos.
>
> *Luciano de Crescenzo*

Como parte de su investigación, los estudiantes se colocaron frente a una pantalla de computadora que los muestra tal como son y cómo podrían verse en treinta años. Luego se les preguntó qué harían con los mil dólares que les habían dado en ese momento. Aquellos que habían visualizado su futuro asignaron el doble de la ganancia inesperada a una cuenta de jubilación.[4]

> En los sueños y en el amor no hay imposibles.
>
> *Janos Arnay*

Si no tienes esta máquina electrónica del tiempo, simplemente te pedimos que cierres los ojos e imagines cómo será tu vida y tu matrimonio en el futuro. ¿Qué aspecto tendrás dentro de un año? ¿En cinco años? ¿Diez? ¿Veinticinco?

Mi esposa y yo hemos estado casados por casi diecisiete años y realizamos este mismo ejercicio. Y una de las cosas que imaginamos juntos era vivir en el centro de Seattle (no en un suburbio). Hace seis años nos mudamos sin pensarlo más. La visión estaba cargada de desafíos, pero ha sido una de las mejores cosas que hemos hecho por nuestra familia. Y sucedió porque lo visualizamos juntos.

Así que imagínate la vida y el amor que ves para ti mismo. Habla con tu cónyuge sobre lo que sueñan y lo que visualizan. Si están dispuestos a escucharse, este simple ejercicio generará una conversación excelente y preparará el escenario para que sueñen juntos.

Libérate del miedo

Se necesita valor para visualizar el futuro. Algunos temen hacerlo porque dicen que es como preparar el escenario para el fracaso. De hecho, algunas personas creen que el secreto de la felicidad es tener expectativas más bajas. «Si espero tan poco como sea posible, no me lastimaré», escribió Susan Sontag en su diario. El miedo al fracaso es tan fuerte para algunos que les impide soñar.

El pensamiento es el siguiente: si nunca nos decepcionamos de que las cosas no funcionen y nos sorprendemos gratamente cuando las cosas vayan bien, seremos felices. Puede parecer una buena teoría, pero es mala. Los investigadores lo aclaran. Cualquiera que sea el resultado, tengamos éxito o fallemos, las personas con grandes expectativas tienden a sentirse mejor.[5] A fin de cuentas, cómo nos sentimos cuando fallamos en una tarea o ganamos un premio depende principalmente de la manera en que interpretamos la experiencia.

Un dicho común entre los montañeros es este: no es la montaña lo que nos detiene, es la piedra en tu zapato. ¿Es el miedo al fracaso la piedra en tu zapato? Deséchalo. ¿Cómo? Acepta que el fracaso es parte del asunto. Todo soñador tiene retrocesos. Como dijo *Thomas Edison*: «Fallé en mi camino hacia el éxito». No dejes que el miedo entorpezca tu intento por escalar la montaña de tus sueños». «Mucho mejor es desafiar cosas poderosas, ganar gloriosos triunfos, aunque estén llenos de fallas», dijo Theodore Roosevelt, «tenemos que reorganizar a esos espíritus pobres que ni disfrutan ni sufren mucho, porque viven en un crepúsculo gris que no conoce la victoria ni la derrota».

Haz una lista de cosas que te gustaría hacer antes de morir

En enero de 2008, una película protagonizada por Jack Nicholson y Morgan Freeman introdujo una frase al lenguaje cotidiano. *Bucket List* trata de dos hombres con enfermedades terminales que hacen un viaje por carretera con una lista de deseos que querían hacer antes de «*darle una patada al cubo*». «Los dos practican paracaidismo juntos, conducen un Mustang Shelby, cenan en *Chevre d'Or* en Francia, manejan motocicleta por la Gran Muralla de China y hacen muchas cosas más.

> Nunca dejes que el miedo a fracasar se interponga en tu camino.
>
> *George Herman «Babe» Ruth*

La película hizo que mucha gente pensara en su lista de deseos, incluidos nosotros dos. Así que hicimos una lista que incluye, en parte:

- hacer un safari africano
- practicar aladeltismo (volar sin motor)
- visitar el Monte Rushmore
- comer tacos en Mi Tierra, en San Antonio
- bucear en la costa de Amalfi
- asistir a la Final Nacional de Rodeo
- llevar a nuestros hijos al Fenway Park en Boston
- dormir en un antiguo castillo
- navegar en las Islas de San Juan
- asistir al Indy 500
- caminar parte de la Gran Muralla China (lo que hicimos hace dos años, sin motocicleta)

Usamos este ejercicio —elaborar una lista de deseos— para centrarnos en las cosas frívolas, en su mayor parte. Nuestra lista es larga y no descartamos nada.

Es solo una lista de sueños que nos resultan divertidos. Unos surgen de imprevisto. Otros son de toda la vida.

Una lista de deseos es un intento por hacer que la vida sea memorable, lo que es congruente con lo que los investigadores llaman teoría de punta, que sostiene que lo que la gente recuerda más cuando rememoran juntos son las cosas agradables.[6] En otras palabras, no es la duración de unas vacaciones lo que las hace memorables, sino los momentos emocionantes. Poca emoción, pocos recuerdos. Entonces, si no han hecho una lista de deseos juntos, piensen algo. Y comiencen a forjar recuerdos.

> Un sueño no es algo de lo que te despiertas, sino algo que te mantiene despierto.
>
> *Charlie Hedges*

Ah, una cosa más: no caigan en la trampa de hacer una lista de cosas que crean que impresionarán a los demás. Háganlo por ustedes mismos. Cuando empiezan a practicar al juego de buscar cómo hacer las cosas bien, se pierden la diversión y la felicidad que su lista de sueños puede ofrecerles.

> Y al final, no son los años de tu vida los que cuentan. Es la vida de tus años.
>
> *Abraham Lincoln*

Sueña con significado

La palabra sabiduría deriva de una antigua expresión que significa «*ver*». Y en griego significa «*claro*». La sabiduría es lo que nos permite ver el panorama general. La sabiduría asegura que soñar es más que divertido. Los soñadores sabios tienen sueños significativos.

Las personas que luchan por algo significativo son mucho más felices que aquellas que no tienen sueños o aspiraciones valiosos.[7] Después de todo, satisfacer un deseo divertido aumenta la felicidad, pero es en gran medida irrelevante para lograr un sueño significativo. Si no pregúntale a cualquier pareja que haya adoptado un niño, trabajado arduamente para mantenerse saludable, trabajado como voluntario en un refugio local, que se haya dedicado a criar hijos con valores y principios, que haya contribuido con sacrificio a un fondo de ayuda, que haya dado hospedaje a un estudiante de intercambio, que haya aconsejado a parejas recién casadas, que haya cuidado a sus padres en su vejez, que se haya ido como voluntario en un viaje misionero juvenil, o simplemente que se haya dedicado a levantar un matrimonio y una familia fuerte y saludable.

Los investigadores *Ed Diener y Robert Biswas-Diener* dejan en claro que los sueños son más que placer: «Como humanos, en realidad necesitamos un sentido de significado para prosperar». El profesor de felicidad de Harvard, Tal Ben-Shahar, concuerda con ellos: «La felicidad se encuentra en la intersección entre el placer y el significado. Ya sea en el trabajo o en el hogar, el objetivo es involucrarse en actividades que sean personalmente significativas y agradables».

Cuanto más profundas sean nuestras esperanzas y nuestros sueños, más satisfactoria y significativa es nuestra vida en común. La materialización de un deseo superficial (comprar un automóvil nuevo) simplemente revela cuán débil es tu visión para empezar. Es efímero y ligero como el vapor, como dice la Biblia (Santiago 4:14).

> Sueña como si vivieras para siempre, vive como si vas a morir hoy.
>
> *James Dean*

Y si seguimos sosteniendo falsas esperanzas en cuanto a lo que realmente nos va a satisfacer, solo encontraremos una continua desilusión... y, en cualquier momento, agitaremos el puño hacia el cielo y diremos como el escritor de Eclesiastés: «Todo es vanidad» (Eclesiastés 1:2).

Por tanto, ¿cómo podría haber una esperanza que *no* decepcione? Porque es algo que se lleva por fe (Romanos 5:5). Y la fe lo cambia todo. «La fe es estar seguros de lo que esperamos», como dijo el apóstol Pablo (Hebreos 11:1). La fe lleva la preocupación al bastión de la esperanza. La fe anima nuestras creencias y expectativas con confianza. La fe puede hacernos valientes. «La esperanza es escuchar la melodía del futuro», dijo Rubem Alves. «La fe es bailar con esa melodía».

¿Cómo funciona la fe en este trabajo místico? Dándonos una perspectiva eterna. Las personas de fe y con sabiduría miran la vida en forma diferente. El optimismo llena de esperanza nuestro futuro, cuando se refuerza con la fe, y domina la ansiedad. Miramos la vida a través de un lente más grande. Ver los problemas de la vida a través del gran lente del futuro ayuda a poner en perspectiva las luchas de hoy.

James Pennebaker, psicólogo e investigador de la Universidad de Texas, en Austin, descubrió que las personas que encuentran sentido en la adversidad son en última instancia más saludables a largo plazo que quienes no lo hacen. En un estudio, les pidió a las personas que escribieran sobre la experiencia más oscura y traumática de sus vidas durante cuatro días seguidos en un lapso de quince minutos cada día. Analizando sus escritos, Pennebaker notó que las personas que se beneficiaron más del ejercicio trataban de obtener significado del trauma. Investigaban las causas y las consecuencias de la adversidad y, como resultado, se volvieron más sabios al respecto. Un año después, sus registros médicos demostraron que los que consiguieron significado a su adversidad, acudieron al médico y al hospital menos veces que las personas en condición de control, que escribieron sobre un evento no traumático. Las personas que usaron el ejercicio para aliviarse, por el contrario, no recibieron beneficios de salud.

La fe convierte la esperanza en una certeza de que el sufrimiento tendrá lógica aun cuando nuestra perspectiva terrenal solo pueda verlo como insensato. En otras palabras, cuando el dolor nos corta hasta el núcleo y las dificultades nos golpean en el plexo solar, la fe es responsable de mantener viva nuestra esperanza.

> No soy buena para darme cuenta cuando estoy feliz, excepto en retrospectiva.
>
> *Tana French*

La fe nos lleva a soñar con destacarnos. Nos impulsa a aspirar un futuro más elevado y a tener vidas dignas. La felicidad sin significado es insulsa. Pero el significado sin felicidad es imposible.

Mantén viva la esperanza

Un equipo de investigadores estudió recientemente lo que llamaron inducción de la esperanza sobre el efecto de cumplir nuestros sueños.[8] Durante aproximadamente quince minutos, se les pidió a los participantes de la investigación que pensaran en un objetivo importante e imaginaran cómo podrían lograrlo. Para fines de comparación, se les solicitó que leyeran un libro de organización hogareña durante unos quince minutos. Luego les pidieron a todos los participantes que sumergieran la mano no dominante en un cubo de agua helada durante el tiempo que pudieran resistir (hasta cinco minutos). Esa es una medida estándar de tolerancia al dolor y es dolorosa, pero no dañina.

> Una visión no es solo una imagen de lo que podría ser; es un llamado a nuestro mejor yo, un llamado a convertirse en algo más.
>
> *Rosabeth Moss Kanter*

Los participantes que recibieron la breve inducción sobre la esperanza mantuvieron su mano sumergida por aproximadamente ciento cincuenta segundos. Aquellos con los que se compararían, que no se les dijo nada sobre la esperanza, mantuvieron su mano sumergida por solo noventa segundos. Los investigadores concluyeron que la esperanza no afectó los reportes sobre cuán dolorosa fue la experiencia, pero aumentó la capacidad para tolerarla.

Sin dudas, la esperanza te ayuda a alcanzar tus objetivos y a realizar tu sueño.

De modo que, ¿cómo mantener viva la esperanza? Los expertos dicen que la respuesta se encuentra cuando hablas de tus sueños. A menudo. Soñar juntos no es algo que enumeras en tu lista de cosas por hacer. No es una propuesta única. Soñar juntos es algo orgánico y que evoluciona. Es un tema de conversación que nunca termina.

Si es de ayuda para ti, haz una *tabla de sueños* (o usa una aplicación electrónica) donde recolectes imágenes o retratos que te recuerden tu sueño. Si quieres andar en bicicleta en Francia algún día, ponlo en la pizarra. Si quieres ayudar a construir una casa para personas desamparadas, ponlo. Para algunas parejas, la tabla de sueños es un catalizador perfecto para conversar y mantener viva la esperanza en el proceso.

Sé inteligente (relativo al método S.M.A.R.T.)

Pregúntale a la mayoría de las personas si tienen metas en su vida y te dirán: «Por supuesto». Pregúntales si las escribieron y se rascarán la cabeza. ¿Acaso eso importa? Seguro que sí. En un estudio realizado en la Universidad de Yale, los investigadores descubrieron que las personas que anotaban sus metas las alcanzaron en un noventa y siete por ciento más que los que no lo hicieron.[9] Increíble, ¿no? Así que sugerimos lo siguiente: dedica unos minutos a hablar no solo de tus sueños, sino a escribirlos. Usa una libreta de notas, o tu computadora, lo que sea que funcione. ¿Por qué? Porque poner tus sueños por escrito aclara tus pensamientos. Te obliga a ser más específico. Contribuye a que les des prioridad. Y cuanto más específicos sean, más probable será que describas los objetivos que te ayudarán a alcanzarlos.

De hecho, es esencial desglosar el sueño con el que imaginas algún aspecto de tu futuro en metas, paso por paso. No hacer eso te dificultará alcanzarlo. Uno de los sueños que escribimos hace unos años fue escribir un libro que fuera un superventas del *New York Times*. Habíamos escrito varios, pero nunca habíamos hecho esa codiciada lista (el sueño de todo autor). Bueno, una cosa es soñar con eso y otra formular objetivos que harán que suceda. Pero eso es exactamente lo que hicimos. Y utilizamos el comprobado método S.M.A.R.T., establecido por años. Es decir, nos aseguramos de que nuestros objetivos fueran Sobresalientes, Mensurables, Alcanzables, Reales y sensibles al Tiempo (elementos representados en el acrónimo S.M.A.R.T.).

Es posible que sientas curiosidad por saber si nuestro sueño se hizo realidad. Así fue. Se hizo realidad el año pasado. De hecho, nuestro libro *The Hour That Matters Most* terminó siendo el número uno de la lista. Y probablemente nunca habría sucedido. Pero lo escribimos, hablamos de ello con frecuencia y fuimos inteligentes (que en inglés significa SMART) en cuanto a establecer nuestros objetivos.

No sueñes tonterías

Seríamos negligentes si no mencionáramos que demasiado de lo bueno, en lo que respecta al optimismo con tus sueños, puede ser una tontería. Los investigadores lo llaman *optimismo tonto*. Es parte del motivo por el que la gente ahorra muy poco para la jubilación, piensan: «Las cosas van a salir bien, de alguna manera».

Los científicos se han preguntado cómo logra sobrevivir el *optimismo tonto*, sobre todo porque uno de los principios clave de cómo aprende el cerebro es que actualizamos continuamente nuestro conocimiento a la luz de la experiencia y la nueva información. Ahora, en el primer estudio de este tipo, los neurocientíficos han identificado los circuitos cerebrales que subyacen al optimismo irreal.[10] Lo que encontraron es que los lóbulos frontales, que analizan la información, básicamente miran para otro lado cuando los optimistas poco realistas reciben información que socava una de sus creencias ideales.

Piensa en un niño que se cubre las orejas y canta cuando un adulto lo está corrigiendo y lo único que dice es: «*Nah, nah… no puedo oírte*». El procesamiento de datos necesario simplemente «no estaba en optimismo alto cuando recibieron información negativa», dice la investigadora Tali Sharot. Parece que «escogemos y elegimos la información que queremos escuchar». Mientras más optimistas seamos, es menos probable que seamos influenciados por la información negativa que recibamos sobre el futuro».

La doctora Sharot sigue siendo fanática del optimismo, no del optimismo tonto que no considera los hechos ni recibe opiniones de los demás. Si no del optimismo saludable que ve el vaso medio lleno, pero también toma precauciones. Del tipo de optimismo que cree que mantendrá la salud, por ejemplo, pero de todos modos obtiene su seguro médico, por las dudas.

La receta para los sueños que lleva a la felicidad incluye una mezcla de amplio optimismo para brindar esperanza, una pizca de pesimismo para evitar la complacencia, y suficiente realismo para discriminar aquellas cosas que podemos controlar de las que se nos salen de las manos. Es lo que el teólogo Reinhold Niebuhr expresó en su «Oración de la serenidad»: «Oh Dios, concédenos la gracia para aceptar con serenidad lo que no se puede cambiar, valor para cambiar las cosas que deben cambiarse y sabiduría para distinguir una cosa de la otra».

Un pensamiento final en cuanto a soñar juntos

No muy lejos de nuestro hogar, en Seattle, se encuentra una pequeña casa de una planta que se ha convertido en un punto de referencia local. Edith Macefield se mudó a esa cabaña cuando la calle estaba bordeada por una hilera de lindas casas cercadas. Pero eso fue hace mucho tiempo. Cincuenta años después, Edith aún vivía en la misma casa cuando todo a su alrededor había cambiado. Los desarrolladores habían adquirido todo el bloque de inmuebles aledaño para construir un centro comercial. La única unidad que todavía necesitaban era la casa de Edith. Pero ella no tenía ningún interés en vender la porción de tierra, valorada en cien mil dólares, en la que había vivido la mayor parte de su vida, ni siquiera cuando los constructores le ofrecieron un millón de dólares para que se mudara.[11]

Hoy, unos años después de la muerte de Edith en 2008, la cabaña está rodeada por tres lados por un complejo de edificios de cinco pisos. Es por eso que en mayo de 2009, Disney escuchó sobre Edith y ató unos globos al techo de su casa, como un enlace promocional para su película *Up*. El vendedor de globos de setenta y ocho años llamado Carl se enfrentó a la misma situación, viviendo como un viudo envejecido rodeado por un complejo comercial que se estaba construyendo.

Casi todas las veces que pasamos por la casa de Edith, que al menos es una vez por semana, no podemos evitar que nos recuerde que queremos vivir lo que soñamos. No queremos arriesgarnos a romper nuestro frasco de sueños y nunca cumplir los sueños que aspiramos. Es por eso que trabajamos para mantener viva la esperanza mientras soñamos juntos. Como dijo Orison Marden: «No hay medicina como la esperanza, ningún incentivo tan grande y ningún tónico tan poderoso como la expectativa de algo mejor mañana».

Para reflexionar

1. ¿Crees que soñar juntos, hacer planes y establecer metas para el futuro hace felices a las parejas? ¿Las hace más felices? ¿Cuál es un ejemplo específico de tu propia relación que demuestra ese hecho?

2. ¿Te resulta más fácil crear una lista divertida de sueños que te gustaría tener o sueños más significativos que van más allá de simplemente divertirte? ¿Por qué? ¿Ejemplos?

3. ¿De qué manera tu factor de fe personal se une a tus sueños? ¿Cómo complementa tu esperanza de un futuro mejor y más brillante que pueda crear en conjunto?

6

Celebra a tu pareja

No hay tal cosa en la vida de nadie como
un día irrelevante.

Alexander Woollcott

Harold cortejó a su prometida por tres años, transcurso en el que
iba con ella al teatro en las noches cálidas y le obsequiaba flores
y chocolates que les llevaba a la tienda de su tío donde ella traba-
jaba como cajera. Pero sesenta y cinco años después que ella dijo:
«Sí, te acepto», Harold todavía trata de cortejar a Marion, aun
cuando la enfermedad de Alzheimer ha borrado la mayor parte
de los recuerdos de ella. Ya no toca el piano de casa ni puede
hacer la carne que tanto le encantaba a Harold. La enfermedad
le robó incluso la capacidad de reconocer a su marido la mayor
parte del tiempo. Pero, aunque no lo reconoce, Harold dice que
todavía él la reconoce a ella.

Es por eso que cada semana Harold visita a Marion en el
recinto en el que recibe atención profesional las veinticuatro horas

del día. Entra a su habitación adornada, llevando unos sombreros de fiesta, un letrero de cumpleaños con su nombre y dos ponqués de su panadería favorita.

Harold le pregunta a Marion:

—¿Sabes qué día es hoy?

—No —dice Marion—. ¿Qué día es?

—Es el día de tu cumpleaños y vamos a celebrarlo —le dice Harold con una gran sonrisa.

Un par de enfermeras de Marion conocen el simulacro semanal y se unen a Harold mientras cantan «Feliz cumpleaños»; luego aplauden cuando Marion apaga la vela de su bizcocho preferido.

—Oh, Dios mío, este es el mejor pastel que he tenido —es la respuesta usual de Marion.

—Pensé que te gustaría, cariño —le dice Harold.

Le da un dulce beso en la frente, le dice que es hermosa y le da un pequeño regalo para que lo abra, unas veces es una joya que le regaló años antes y, otras es una foto de los dos. Sea lo que sea, Marion abre el obsequio como si fuera la primera vez y se deleita con la celebración.

> Cuando recordamos el pasado, casi siempre hallamos que son las cosas más simples, no las grandes ocasiones, las que en retrospectiva irradian el mayor destello de felicidad.
>
> *Bob Hope*

Lo mismo hace Harold. Después de comerse el pastel, Harold sostiene su mano por unos minutos y recuerda o escucha un poco la música que ambos disfrutan.

Pero principalmente celebra con Marion por la vida que compartieron durante más de seis décadas.

«Todavía la veo como la cajera y no puedo creer lo bendecido que fui por ser su esposo. Tuvimos una gran vida juntos».

Cuando se le preguntó por qué celebra su cumpleaños todas las semanas, Harold respondió: «A Marion siempre le gustó celebrar cumpleaños. Entonces, ¿por qué no hacer que cada visita que le hago sea una celebración especial?»

¿Por qué no?, de hecho. Pocas acciones marcan un momento en el tiempo con más emoción positiva que la celebración. Y eso es exactamente a lo que este capítulo se dedica. Pero prevenido: no estamos hablando de cómo organizar una gran fiesta. El tipo de celebración del que estamos hablando dura mucho más y es mucho más significativo.

Definición de celebración

Que empiece a tocar la banda. Destapen el champán. Que se enciendan los fuegos artificiales. Cuando la mayoría de la gente escucha la palabra celebración, piensa en una fiesta. Después de todo, a menudo celebramos cumpleaños, aniversarios y reuniones como Navidad y Año Nuevo con fiestas. Como dice el refrán: «Nadie medita en el pasado para recordar las noches en que durmió lo suficiente». A casi todos les gusta una buena fiesta. Pero la verdadera celebración implica más que pastel y confeti.

La palabra celebración se define como: *bendecir, aclamar, aplaudir, felicitar, admirar* y *conmemorar.* De hecho, su origen latino, *celebrare*, significa «honrar». Y ese es exactamente el tipo de celebración del que estamos hablando en este capítulo.

> La celebración es una necesidad humana que no debemos ni podemos negar.
>
> *Corita Kent*

Cuando se trata de celebrarse el uno al otro, nos referimos a crear momentos especiales de celebración infundidos con emoción positiva de admiración y honor mutuos.

Cuando tratamos a nuestro cónyuge con honra, lo mantenemos en alto respeto y celebramos la persona que es. Adaptarse a la novedad del matrimonio requiere un promedio de dos años. Después de eso, comenzamos a tomarnos el uno al otro y dar por establecida la relación, a menos que aprendamos a celebrarnos mutuamente.

¿Cuál es tu coeficiente de celebración?

¿Qué tan bien respetas, honras y celebras a tu cónyuge? Esta pequeña evaluación puede arrojar algo de luz sobre tu inclinación personal para celebrar a tu pareja.

1. ¿Cuándo fue la última vez que te sentiste afortunado por estar con tu pareja y se lo comunicaste?
   A. En las últimas veinticuatro horas.
   B. La semana pasada.
   C. El mes pasado.
   D. No estoy seguro.

2. ¿Se siente reconocida, admirada y valorada tu pareja por ti?
   A. Seguro
   B. Probablemente
   C. Con suerte
   D. No sabes

3. ¿Con qué frecuencia le muestras a tu par que piensas en su persona sin esperar nada a cambio?
   A. Todos los días
   B. Todas las semanas
   C. Todos los meses
   D. No estoy seguro

4. ¿Se siente bien tu cónyuge en cuanto a lo sexual (frecuencia y calidad)?
   A. Sí
   B. Creo que sí
   C. Eso espero
   D. No estoy seguro

5. ¿Cuántos comentarios positivos y negativos le haces a tu cónyuge en una semana típica?
   A. Más positivos que negativos
   B. Menos negativos que positivos
   C. Más negativos que positivos
   D. Más negativos

6. ¿Podría decir tu pareja que siente que le celebras?
   A. Seguro
   B. Probablemente
   C. Con suerte
   D. No estoy seguro

Escribe al lado de cada letra, a continuación, las veces que respondiste con cada una de ellas:

A _____ B _____ C _____ D _____

Mientras más respuestas tengas en A y en B, más sentirás que estás haciéndolo bien al celebrar a tu pareja. Por supuesto, esto es solo una pequeña autoevaluación y es tan confiable como tu franqueza al tomarla. Independientemente de los resultados, este capítulo te ayudará a perfeccionar tus habilidades para celebrar en tu relación.

En qué medida aumenta tu felicidad el celebrar a tu cónyuge

Según el científico Daniel Kahneman, ganador del Premio Nobel, cada día tenemos aproximadamente veinte mil momentos. Un momento se define como unos pocos segundos en los que nuestro cerebro registra una experiencia. La calidad de nuestros días está determinada por la forma en que el cerebro reconoce y categoriza los momentos, ya sea como positivos, negativos o simplemente neutrales. Rara vez recordamos estos últimos. No hay duda de que nuestros recuerdos se registran en términos de experiencias positivas y negativas. Los científicos creen que cada día el cerebro lleva un registro de nuestros momentos positivos y negativos, de modo que la puntuación resultante, la proporción de momentos positivos a negativos, contribuye a nuestro estado de ánimo general y al bienestar. Si tenemos momentos más positivos, más felicidad experimentaremos.

Las emociones positivas frecuentes, los sentimientos de alegría, deleite, vitalidad y celebración son el sello distintivo de la felicidad. Hablando en términos generales las personas felices, independientemente de sus circunstancias, experimentan estados positivos con más frecuencia que sus pares menos felices. «La felicidad consiste más en pequeños detalles o placeres que surgen todos los días», dijo Benjamín Franklin, «que en grandes piezas de buena fortuna que ocurren rara vez».

> Los matrimonios felices nacen cuando nos casamos con la persona que amamos y florecen cuando amamos a la persona con la que nos casamos.
>
> *Tom Mullen*

Los momentos positivos, como las minicelebraciones, se suman con el tiempo. Es por eso que los expertos en felicidad nos instan a no subestimar las emociones positivas experimentadas en los días normales. Las investigaciones han demostrado que los numerosos momentos agradables que mejoran el estado de ánimo y que se producen día a día o semanalmente, son los que hacen que la felicidad perdure más que un solo hecho importante como comprar un auto nuevo. Nos adaptamos a la emoción de un automóvil nuevo y reiniciamos nuestro medidor de felicidad antes de que el olor a nuevo desaparezca. Así que no confíes en las cosas grandes. Cuantas más pequeñas celebraciones encontremos, más permanecerá nuestra alegría.

Efectos de la celebración en tu relación

«Ahí están», dijo Les. Estábamos parados en un gran salón en un museo famoso de Florencia, Italia, y Les señaló cuatro enormes bloques de mármol. «Son los *Cautivos*», exclamó mientras me agarraba de la mano y tiraba de mí a un ritmo vigoroso. Les había estudiado el trabajo de Miguel Ángel en la universidad, por lo que esas piezas inconclusas estaban en su lista de visitas obligadas en ese museo.

Miguel Ángel pretendía que cada uno de los bloques se usara en la tumba del Papa Julio. Pero a mitad del proyecto, decidió no usarlos y dejó de trabajar con ellos. Hoy cualquiera que viaje a Florencia puede ver los resultados: una mano sobresale aquí, un torso de un hombre en otro lado, una pierna, una parte de una cabeza. Ninguno de ellos está terminado. Llegaron a ser conocidos como los cautivos, encarcelados o no descubiertos. Es como si las figuras trataran de liberarse de sus bloques de mármol para convertirse en lo que estaban destinados a ser.

¿Alguna vez has sentido que una parte de ti está encarcelada o sin descubrir en tu matrimonio? Tal vez hayas sentido que tu cónyuge no reconoce una parte de ti. Y tal vez no reconozcas todo en tu cónyuge. Después de todo, el trabajo del amor nunca termina. Pero celebrarse mutuamente ayuda mucho a cambiar todo eso.

Los investigadores, en realidad, hablan de parejas casadas «moldeándose» entre sí. En los estudios científicos acerca del matrimonio, eso se llama literalmente el *efecto Miguel Ángel*. Estamos reforzando patrones entre nosotros, en maneras sutiles, a través de innumerables interacciones, momentos positivos o negativos.

> Celebra lo que quieras ver más.
>
> *Thomas J. Peters*

El moldeado puede revelar más de tu pareja cuando le celebras o puede mantenerte cautivo como un desconocido prácticamente.

Así como los científicos han descubierto que el cerebro reconoce y categoriza nuestros momentos, ya sean positivos, negativos o simplemente neutros, también han estudiado el impacto de las relaciones interactivas positivas o negativas en el matrimonio. Han descubierto que esa proporción puede usarse para predecir, con una precisión notable, si tenemos éxito en el matrimonio o no. Todo comenzó con la exploración del psicólogo John Gottman en cuanto a las relaciones positivas y negativas en las interacciones conyugales. Él encontró que las relaciones felices se caracterizan por una relación de 5:1. Esto significa que por cada enunciado o comportamiento negativo como criticar o molestar, hay cinco afirmaciones positivas. Gottman llama a eso la *proporción mágica* y tanto él como sus colegas predijeron que setecientas parejas recién casadas permanecerían juntas o se divorciarían al anotar sus interacciones positivas y negativas en una conversación de quince minutos entre cada esposo y esposa. Diez años más tarde, el seguimiento reveló que habían predicho el divorcio con un noventa y cuatro por ciento de precisión.

> Hoy tienes el poder de difundir la felicidad. Una nota rápida o una palabra amable es todo lo que se necesita para provocar una sonrisa y un recuerdo duradero en alguien muy especial.
>
> *Gary Harrington*

Increíble, ¿verdad? El tipo de positividad que genera celebrar pequeños momentos con tu pareja simplemente con decirle: «Te amo», «Me contenta mucho estar casado contigo», «Estoy orgulloso de ti», y así sucesivamente no solo aumenta la felicidad de una pareja, sino que despierta lo mejor de ambos, lo que los ayuda a acercarse más sacando lo mejor de cada uno. Al celebrarse uno al otro, ambos se apartan de lo que los mantiene cautivos.

Cuando reconocemos, honramos y celebramos mutuamente, tenemos libertad para ser la mejor persona y pareja posible. Depende de nosotros esculpir el mejor matrimonio que nuestro amor pueda permitirse.

Cómo celebrar el uno al otro

Si estás listo para honrar, admirar, halagar, reconocer y celebrar a tu pareja, queremos mostrarte qué es que lo resulta. Como siempre, apóyate en los consejos que crees que te servirán mejor a ti y a tu relación.

Ves algo, di algo

Has escuchado esta frase: «Ves algo, di algo». El departamento de seguridad de los Estados Unidos lo usa para aumentar la conciencia pública en cuanto a informar actividades sospechosas. Bueno, queremos tomar prestada la frase para aumentar tu capacidad de destacar los momentos positivos con tu pareja.

Reconozcámoslo: la mayoría de los matrimonios tienen críticas más que suficientes para todo. A veces hacemos comentarios tontos sin pensarlo dos veces: «Nunca cuelgas el saco» o «Siempre nos retrasas». La mayoría de nosotros nos quejamos, refunfuñamos y nos da dolor de estómago como si eso fuera parte de nuestra constitución genética. Y, de hecho, podría serlo.

Los científicos creen que nuestro cerebro tiene un sesgo de negatividad incorporado. En efecto, el cerebro humano es como el velcro con las experiencias negativas, pero es como el teflón para las positivas. Sin embargo, hay una buena noticia: estos mismos científicos dicen que podemos entrenar al cerebro para que vea lo positivo y diga algo al respecto.

Los neurocientíficos tienen un dicho: «Las neuronas que andan juntas se unen». Mientras más ejercites tus neuronas con experiencias positivas, más conectarán las estructuras neurales positivas. En otras palabras, puedes cambiar literalmente tu cableado para ser más positivo, más optimista, más festivo. Puedes comenzar viendo algo y diciendo algo cuando tu pareja haga algo que te guste. Si tu cónyuge lava la ropa (otra vez), dile: «Realmente aprecio que laves nuestra ropa tan bien». Eso es todo. Si tu cónyuge recoge el correo, dile gracias. Es fácil. En resumen, está atento a cualquier oportunidad que tengas de transmitir un cumplido, mostrar aprecio o hacerle saber que notaste algo positivo en lo que hizo.

> Hay momentos en los que te sientes completamente feliz, por los que debes dar gracias. Si te hacen sentir nostalgia, guárdalos en tu diario.
>
> *David Benioff*

Estos comentarios positivos garantizan que alcanzarás la proporción mágica de cinco comentarios positivos por cada negativo. También establecerán el escenario para celebrar a tu pareja en un nivel más profundo.

Celebra las buenas noticias

Casi podemos oírte pensar: *Bueno. Por supuesto que hay que celebrarlas.* Pero no tan rápido. Las investigaciones revelan que la mayoría de nosotros no reaccionamos con noticias positivas de nuestros cónyuges tanto como lo hacemos con las malas. Tendemos más a detenernos en una conversación cuando nuestro compañero habla de una noticia desagradable, mucho más que cuando el tema es acerca de algo bueno y satisfactorio. Nos enfocamos más en las noticias de nuestro cónyuge sobre una crítica que recibió en el trabajo, por ejemplo, que sobre las noticias de una presentación exitosa que dieron. Raro, ¿verdad?

Y entérate: la forma en que respondes a las buenas noticias que tu pareja trae a casa es un gran indicador de lo saludable que es tu relación. Por cierto, las buenas noticias no tienen que ser sobre una promoción laboral o algo extravagante. Puede ser tan simple como una grata llamada de un viejo amigo, una interacción significativa con un colega durante el almuerzo, una idea de algo que tu pareja leyó, o tal vez un objetivo alcanzado en el que han estado trabajando en el gimnasio. Estas son las pequeñas buenas noticias. Y la forma en que respondes a ellas hace que te destaques.

La psicóloga Shelly L. Gable de la Universidad de California, en Santa Bárbara, y sus colegas descubrieron que las parejas comparten eventos positivos entre sí sorprendentemente a menudo. De hecho, los eventos positivos ocurren al menos tres veces más que los negativos para la mayoría de nosotros.[1] Lo lamentable es que, cuando nuestro compañero comparte las buenas noticias, aparentemente no respondemos con la emoción que él espera.[2] Tendemos a responder de una de las tres formas menos alentadoras: (1) con un comentario obligatorio y sin vida, (2) cambiando el tema, o (3) descalificando las noticias con una observación crítica. Pero hay una cuarta alternativa que nuestro cónyuge está ansioso por experimentar. Los investigadores la llaman respuesta *activa-constructiva* que es sincera y entusiasta. Aquí es donde encontrarás las parejas más felices: con mucha energía y mucho apoyo.[3] Observa la siguiente tabla:

	MUCHO APOYO	POCO APOYO
MUCHA ENERGÍA	Aliento «¡Esas son buenas noticias! Cuéntame más».	Crítica «Eso significa más estrés. No te envidio».
POCA ENERGÍA	Pasivo «Eso es bueno».	Descalificativo «Escucha lo que me sucedió».

Cuatro formas de responder a las buenas noticias en el matrimonio

Gable y su equipo grabaron a hombres y mujeres casados mientras se turnaban para hablar de un evento positivo y negativo. Después de cada conversación, los miembros de cada pareja calificaron el modo en que «respondieron» (cómo los entendieron y los atendieron) y lo que sintieron con su pareja. Por separado, las parejas evaluaron su nivel de felicidad en la relación.

Los investigadores hallaron que cuando un compañero daba una respuesta alentadora a las buenas noticias, las clasificaciones «respondidas» eran más altas de lo que eran después de una respuesta compasiva a las noticias negativas. ¿El punto? El modo en que responden los cónyuges a las buenas noticias es un determinante más fuerte de la salud y la felicidad de las relaciones que la reacción de su compañero a las malas noticias. La razón de ese hallazgo, supuso Gable, puede que solucione un problema o enfrente la decepción, lo cual es importante para una relación; pero no hace que la pareja sienta alegría, ni que haga al matrimonio feliz.[4]

> Deja de preocuparte por los baches en la carretera, celebra el viaje.
>
> *Barbara Hoffman*

Aún más sorprendente, el estudio de Gable y otros revelan que una respuesta pasiva —con poca energía— a las buenas noticias («Eso está bien») o cambiar de tema («¿Agarraste el correo?») es tan dañino como el menosprecio directo o la crítica al cónyuge.[5] Así que pregúntate con regularidad: «¿Qué buenas noticias me ha contado mi cónyuge hoy? ¿Cómo podemos celebrarlo?»

Por cierto, así como responder con entusiasmo y ánimo a las buenas noticias de tu pareja aumenta la felicidad de la relación, también lo hace compartir tus propias experiencias positivas. En un estudio del registro diario de sesenta y siete parejas, Gable descubrió que en los días en que las parejas informaban haber contado a su pareja acerca de un evento feliz, también reportaron que sentían un vínculo más fuerte con su pareja y una mayor seguridad en su relación.[6]

Así que, si has estado buscando razones para involucrar las buenas noticias de tu pareja con algunas palabras de celebración, ya las tienes. Y con suerte, también lo hará tu cónyuge.

Crea un muro especial

Un joven paracaidista estaba aprendiendo a saltar, cuando le dieron las siguientes instrucciones: primero, salta cuando te lo indiquen; segundo, cuenta hasta diez y tira del cordón; tercero, en el caso improbable de que no se abra, presiona el segundo conducto; y cuarto, cuando bajes, un camión te llevará de vuelta a la base.

El avión ascendió a la altura adecuada, los hombres comenzaron a prepararse, y el joven paracaidista saltó cuando se lo indicaron. Contó hasta diez y tiró de la cuerda, pero el paracaídas no se abrió. Así que procedió al plan de respaldo. El segundo paracaídas tampoco se abrió. «Oh, Dios», dijo. «Cuando baje, supongo que el camión tampoco estará allí».

Reconozcámoslo: algunas personas son profundamente pesimistas, tienden a esperar y ver lo pcor. Los pesimistas tienen más dificultades para celebrar a su

> Cuando estoy feliz por dentro, es cuando me siento más sexy.
> *Anna Kournikova*

pareja que otros. Por tanto, si caes en este grupo, tenemos un consejo especial para ti.

Karen Reivich, investigadora asociada de la Universidad de Pensilvania, se ve a sí misma como una pesimista en recuperación: «Parte de mi cerebro siempre está buscando pcligros en el horizonte». En lugar de decirse a sí misma que sus preocupaciones son injustificadas, Reivich recurre a su creatividad para contrarrestar la parte esquiva y sombría de su personalidad. «Creé un "muro especial" cubierto de poemas, fotos de mis hijos, la imagen de una granja sembrada con lavanda. Y todos los días trabajo un poco con eso». Reivich dice que puede agregar una caricatura que la haga reír o una imagen que la inspire. «Es difícil estar disfrutando de todos esos recordatorios admirables y al mismo tiempo estar invadida de temor».[7]

Reivich y otros investigadores afirman que estrategias como esas, usadas coherentemente a lo largo del tiempo, conducen a cambios duraderos y a un espíritu más alegre. El pesimismo se atrofia cuando nos enfocamos intencionadamente en notar lo bueno más que lo malo. Ello crea un cambio de atención y energía hacia el optimismo desplazando el pesimismo.

Esa investigación nos llevó a pensar en crear un muro especial para nuestro matrimonio. Hace unos años, sobre un pequeño escritorio cerca de nuestra cocina, instalamos un cuadro decorativo en el que es fácil colocar todo tipo de cosas que aumentan nuestra percepción y nuestro asombro. El cuadro ha probado ser una gran inversión en nuestra relación. Continuamente está cambiando. Al momento muestra un pequeño autorretrato bosquejado de nuestro hijo de quince años en una patineta, un papel que anuncia el nacimiento de Maddex Farmer (el dulce bebé recién nacido de mis queridos amigos), boletos de un reciente espectáculo de comedia al que asistimos, una foto de los dos caminando por Greenlake (uno de nuestros lugares favoritos), una foto de Javier (un niño que apadrinamos en El Salvador), una elegante tarjeta de presentación de un tostador de café en Cannon Beach que nos trae gratos recuerdos, etc. ¿Entiendes la idea? Nuestro muro especial está lleno de docenas de recuerdos acerca de los cuales nos encantan reflexionar. Desencadena innumerables conversaciones y siempre está evolucionando, ya que cualquiera de nosotros contribuye a ello.

Por lo tanto, si el pesimismo a veces se aprovecha al máximo de tus intentos por celebrar, sigue el consejo de Karen Reivich y sus colegas investigadores: empieza a hacer el muro especial para tu matrimonio.

No descuides celebrar el sexo

El comediante Ray Romano, que tiene cuatro hijos, incluidos gemelos, dice que su comedia se inspira en la vida real. «Después de los niños, todo cambia», declaró al periódico *Newsweek*. «Tenemos relaciones sexuales cada tres meses. Y como pago trimestralmente, tener sexo me sirve de recordatorio para pagar a tiempo».

A los comediantes les encanta burlarse del sexo conyugal. Quizás con buenas razones. ¿Has oído hablar del cansancio por exceso de trabajo? Ante el frenético ritmo de la vida moderna, la libido de las parejas que tienen doble ingreso —porque ambos trabajan— puede afectarse en el afán. Los psicólogos estiman que del quince al veinte por ciento de las parejas tienen relaciones sexuales no más de diez veces al año, que es la forma en que los expertos definen el matrimonio con poco sexo. Un artículo del periódico *USA Today* informa que la enorme cantidad de cuarenta millones de parejas casadas tienen poco o ningún contacto sexual con sus cónyuges. Y la revista *Time* recientemente destacó: «Dormir es el nuevo sexo».[8]

> El amor no se ve con los ojos, sino con la mente.
>
> *William Shakespeare*

No dejes que pase lo mismo en tu matrimonio. Cuando se trata de celebrar el uno al otro, el sexo es una de las mejores actividades en las que una pareja puede participar. Después de todo, nadie puede negar que un buen juego en la cama con todo lo que sigue después, es muy placentero. Las endorfinas son los neurotransmisores de tu cerebro que reducen el dolor y, en ausencia de este, pueden inducir a la euforia. Una avalancha de tales sustancias químicas puede parecer una solución temporal a un día triste, pero hay beneficios adicionales, no menos de lo cual está expresando afecto y fortaleciendo los lazos de tu matrimonio.

La oxitocina es liberada por la glándula pituitaria después del orgasmo.

Conocida a menudo como la *hormona del amor o la sustancia química de la caricia*, se asocia con sentimientos de vinculación y confianza, e incluso puede reducir el estrés.

> El afecto es responsable de nueve décimas partes de la felicidad duradera que tenemos.
>
> *C. S. Lewis*

Por tanto, ¿hace el sexo feliz a la pareja? No hay duda de ello. En un estudio, hombres y mujeres casados que reportaron satisfacción sexual por encima del promedio en su matrimonio mostraron de diez a trece veces más probabilidades de describir su matrimonio como «muy feliz», en comparación con aquellos que informaron una satisfacción sexual media inferior.[9]

Más importante que la cantidad de sexo en el matrimonio es la calidad del mismo. Los mejores encuentros sexuales son más que liberación biológica. El sexo se vuelve más profundamente placentero cuando está incrustado en el placer adicional de la cercanía intensa. Es lo que *Isabel Allende* expresó cuando dijo: «Para las mujeres, los mejores afrodisíacos son las palabras. *El punto G está en los oídos.* El que lo busca abajo está perdiendo el tiempo». La intimidad emocional que acompaña a la intimidad sexual coloca la satisfacción sexual en los escalones superiores de la felicidad.

Tenemos un amigo, el doctor Douglas Rosenau, terapeuta sexual, quien literalmente escribió un libro sobre esto: *A Celebration of Sex*.[10] Hace un tiempo nos dijo: «Insto a mis pacientes a no ser incautos con el sexo, ya que está sobrevalorado y sobreidealizado». Lo que quiere decir es que la espontaneidad sexual es más fantasía que realidad. Puede ser la forma favorita del encuentro sexual de Hollywood, pero no es la norma para las parejas casadas que disfrutan de una vida sexual saludable. ¿Por qué? Porque son intencionales con el sexo. Y pensar que el mejor sexo siempre es espontáneo simplemente no es verdad. De hecho, es un mito. Así que no tengas miedo de agendar una celebración sexual en tu calendario.

Escucha música

Según el libro *Guinness* de los récords mundiales, «Feliz cumpleaños» es la canción más reconocida en el idioma inglés y ha sido traducida innumerables veces. La escucharás cantar desde *San Diego hasta Kennebunkport; desde Shanghai a Abu Dhabi.* Fue compuesta en la década de 1920 y se ha convertido en un elemento básico en las celebraciones de cumpleaños de todo el mundo.

La música, incluso la más simple de las melodías, puede tocar el corazón humano y evocar emociones positivas como pocas otras experiencias.[11] «Sin música», dijo el filósofo *Friedrich Nietzsche,* «la vida sería un error». Y sin duda sería un error pasar por alto la música como un poderoso estimulante de la felicidad para las parejas.[12]

Cuando *John Coltrane,* la leyenda del jazz, escuchó por primera vez a *Charlie Parker* tocar el saxofón, la música lo golpeó «justo entre los ojos», dijo una vez. Según los neurocientíficos, *Coltrane* tenía toda la razón. Según investigaciones, cuando escuchamos la música que nos gusta, incluso por primera vez, se activa una parte del sistema compensatorio del cerebro.[13]

Una canción favorita, sea un poderoso rock o una conmovedora balada acústica, evoca una respuesta emocional profunda La neurocientífica *Valorie Salimpoor* recuerda haber escuchado la «Danza húngara n° 5» de Johannes Brahms mientras conducía. La música la conmovió tan profundamente que tuvo que detenerse. Intrigada por la experiencia, *Salimpoor* se unió a Robert Zatorre en McGill University, en Canadá, para estudiar el efecto de la música en el cerebro. Ella *y Zatorre* confirmaron que la dopamina, un neurotransmisor compensatorio, es la fuente de tan intensas experiencias, los «escalofríos», asociadas a una pieza musical favorita.

La música activa partes del cerebro que desencadenan la felicidad, liberando endorfinas similares a las que hacen el sexo y la comida. Una canción que nos gusta, ya sea clásica, popular o punk, hace que nuestro cerebro se dispare con deleite. Sigue una minicelebración. Entonces, ¿qué puedes hacer para traer más de estas celebraciones musicales a tu relación?

Tenemos una sugerencia para ti. Si tienes cierta edad, probablemente cuando eras novio hiciste una lista de canciones favoritas de tu pareja, una recopilación personalizada de canciones que la identificaba. Pueden haber sido canciones que evocaban ciertos recuerdos o que simplemente transmitían un mensaje que deseabas que tu pareja escuchara de ti. Y si no hiciste una lista de canciones, es posible que incluso hayas llamado a una estación de radio para dedicar una canción en particular a tu novia. Bastante juvenil, ¿verdad? Bueno, no solías pensar en eso. Pasaban horas escuchando esas canciones juntos y separados. ¿Por qué no escuchar de nuevo esas canciones ustedes dos solos? Puede parecer tonto, pero te desafiamos a hacerlo.

Y si te estás preguntando... sí, nosotros lo hemos hecho: los veintiocho años de nuestro matrimonio. Oímos a un pequeño James Taylor cantando «*Secret O 'Life*», «*Let's Stay Together*» de Al Green, «*Stolen Moments*» de Dan Fogelberg y a Paul McCartney cantando «*My Love*». Preferimos principalmente las canciones de nuestra lista que están pasadas de moda, porque nos pueden llevar a momentos específicos en el tiempo, al comienzo de nuestra relación, y a evocar emociones fantásticas.

Escuchar una pieza de música a menudo tiene que ver con recuerdos: si es una canción que sonaba cuando se besaron por primera vez, la corteza prefrontal —donde se almacena la memoria—, se activa. Dado que esta es una de las últimas áreas del cerebro en ser víctima de los estragos de la enfermedad de Alzheimer, los investigadores descubrieron que las personas con esta enfermedad pueden recordar canciones de hace mucho tiempo, aun cuando no recuerden lo que hicieron ayer.[14]

El don de la música es profundo. Incluso los más cínicos tendrían dificultades para negar que escuchar una canción favorita puede cambiar completamente el estado de ánimo. Es por eso que es esencial llevar la música a la arena de la celebración mutua. Como dijo Shakespeare: «Si la música es el alimento del amor, aprovéchala».

Sé generoso en espíritu

Hace poco, estábamos sentados en una terminal aérea cuando observamos a una pareja mayor que estaba sentada frente a nosotros esperando abordar el mismo avión. Ella se inclinó y le hizo una pregunta, mirándolo directamente a los ojos. No oímos lo que ninguno de los dos dijo, pero él sonrió y le dio una palmadita en la rodilla. Un minuto después, ella se levantó y le trajo una taza de café. Parecía sorprendido y encantado.

No fue algo dramático. De hecho, apenas fue perceptible. Pero esa pareja mostró una serie de pequeños actos de generosidad emocional en pocos minutos. Y esos pequeños actos son lo que un investigador llama «la mejor póliza de seguro de vida matrimonial que existe».[15]

> Un beso es un truco encantador, diseñado por la naturaleza, para detener las palabras cuando el habla se vuelve superflua.
>
> *Ingrid Bergmen*

Investigadores del National Marriage Project de la Universidad de Virginia estudiaron recientemente el papel de la generosidad en casi tres mil matrimonios. La generosidad se definió como «la virtud de dar cosas buenas a los cónyuges de forma libre y abundante». Cosas como simplemente hacerles café por la mañana u ofrecerles un poco de agua, actos que tienen poco que ver con gastar dinero. Los investigadores interrogaron a hombres y mujeres en cuanto a la frecuencia con que se comportaban generosamente con sus parejas.

Las respuestas fueron directamente al corazón de sus encuestados. Los hombres y mujeres con los puntajes más altos en la escala de generosidad eran mucho más propensos a informar que eran «muy felices» en sus matrimonios. Los beneficios de la generosidad fueron particularmente pronunciados entre las parejas con hijos. Entre los padres que publicaron puntajes superiores al promedio, en cuanto a la generosidad conyugal, alrededor del cincuenta por ciento reportó que se sentían «muy felices» juntos. Entre aquellos con puntajes de generosidad más bajos, solo alrededor del catorce por ciento, afirmaron estar «muy felices».

«En el matrimonio se espera que hagamos nuestra parte cuando se trata de tareas domésticas, cuidado de niños y ser fieles, pero la generosidad va más allá de las expectativas normales con pequeños actos de servicio y haciendo un esfuerzo extra para ser afectuoso», explicó *Brad Wilcox*, que dirigió la investigación.[16]

Medita en esto: las parejas que informaron una gran cantidad de generosidad en su relación tenían cinco veces más probabilidades de decir que su matrimonio era «muy feliz», en comparación con aquellos que reportaron una baja cantidad de generosidad.

Entonces, ¿cómo cultivas un espíritu generoso en tu matrimonio? Comienza por guardar las escalas de medición o el marcador. Si llevas un registro de quién obtiene qué («Se fue a jugar al golf, así que estoy comprando zapatos nuevos») nunca llegarás. Como dijo Santa Teresita de Lisieux: «Cuando uno ama, no calcula».

Segundo, debes enfocarte en lo que le gusta a tu cónyuge. Si sabes que significaría mucho para tu pareja ponerle gasolina al automóvil, arreglar la cama, barrer el porche, ver una película en particular o jugar contigo un videojuego, entonces es allí donde quieres poner tu energía. Si tu cónyuge se deleita con un café con leche sin grasa y le ofreces un mocha de almendras, fallaste en tu intento. La generosidad funciona mejor cuando le dejas saber a tu pareja que conoces sus deseos personales.

En tercer lugar, no descuides los intangibles. A veces se encuentra un espíritu de generosidad cuando le damos a nuestro cónyuge el beneficio de la duda al no cuestionar su razonamiento. También se encuentra cuando le damos crédito a nuestro cónyuge por una buena idea. Y ciertamente se halla cuando damos nuestro tiempo. El espíritu generoso simplemente deja de lado el egoísmo y da.

Un pensamiento final en cuanto a celebrar el uno al otro

Sue Johnston, de sesenta y ocho años, de Houston, Texas, escribió a una revista y habló sobre una inesperada sorpresa que recibió diez meses después de perder a su esposo, John. Comenzando con su primer día de San Valentín juntos, John siempre le había enviado a Sue un hermoso ramo de flores que contenía una nota con cinco simples palabras: «Mi amor por ti crece».

«Cuatro hijos, cincuenta y seis ramos de flores y toda una vida de amor fueron su legado para mí, cuando falleció», escribe Sue. «En mi primer Día de San Valentín sola, diez meses después de que lo perdí, me sorprendió recibir un hermoso ramo dirigido a mí». El arreglo floral era de John. Sue estaba enojada y desconsolada. Llamó a la floristería para decir que habían cometido un gran error.

La florista respondió: «No, señora, no es un error. Antes de que falleciera, su esposo pagó por adelantado muchos arreglos florales para los años por venir y nos pidió que garantizásemos que usted seguiría teniendo sus ramos cada día de San Valentín». El corazón de Sue casi se le salía. Colgó el teléfono y leyó la tarjeta adjunta. Decía: «Mi amor por ti es eterno».

No conocemos a John, pero una cosa es cierta: sabía cómo celebrar a Sue. Y su historia nos inspira a celebrarnos mutuamente, aquí y ahora. Oramos para que lo mismo sea cierto contigo.

Para reflexionar

1. ¿Qué piensas de la siguiente declaración: «Adaptarse a la novedad del matrimonio requiere un promedio de dos años. Después de eso, comenzamos a tomarnos el uno al otro y damos la relación por establecida»? ¿En qué manera estarías dando tu relación por establecida?

2. ¿Cuándo sientes que tu cónyuge te celebra más y por qué? ¿Cuándo siente tu par que lo celebras más?

3. De la media docena de consejos para celebrar más el uno al otro en este capítulo, ¿cuál o cuáles probarías y por qué? ¿Cuándo, dónde y cómo, específicamente, vas a probar uno de los consejos?

7

Sintonicen sus espíritus

Hay una clase de felicidad que te hace
ser serio. Es demasiado buena para gastar
en chistes.

C. S. Lewis

En un episodio de *Seinfeld* titulado «el compromiso», Jerry y su
amigo George Costanza han decidido que es hora de «crecer» y
tratar a las mujeres con las que salen con un poco más de respeto
(George acaba de romper con una chica porque ella le ganó en
ajedrez).[1] La conversación afecta de tal forma a George que inme-
diatamente busca a una antigua novia, va a su apartamento y le
pide que se case con él. Jerry opta por algo menos extremo: se va
a casa y decide hablar más sobre el asunto con su amigo Kramer.

Jerry está en su apartamento. Kramer se encuentra a su lado.
Jerry se voltea hacia Kramer y le dice:

—Hoy tuve un almuerzo muy interesante con George Costanza.

—¿En serio? —responde Kramer.

—Estábamos hablando de nuestras vidas y ambos nos dimos cuenta de que somos niños, no somos hombres.

Kramer se inclina y dice:

—Así que entonces se preguntaron: «¿No hay algo más en la vida?»

—Sí —dice Jerry—. ¡Si lo hicimos!

—Sí, bueno, déjame darte una pista sobre algo —dice Kramer—. No hay.

—¿No hay? —responde Jerry con una mirada de preocupación en su rostro.

—¡Absolutamente no! —dice Kramer—. Quiero decir, ¿en qué estabas pensando? ¿Sobre, Jerry? ¿Matrimonio? ¿Familia?

—Bueno.

—¡Son prisiones! ¡Prisiones artificiales! —continúa Kramer—. Estás haciendo tiempo. Te levantas por la mañana. Ella está allí. Te vas a dormir por la noche. Ella está allí. Es como si tuviera que pedir permiso para usar el baño. —Se burla de la esposa imaginaria, diciendo con una sonrisa burlona—: ¿Está bien si uso el baño ahora?

—¿En serio? —dice Jerry.

—Sí, y puedes olvidarte de mirar televisión mientras comes —dice Kramer.

—¿Puedo?

—Oh sí. ¿Sabes por qué? ¡Porque es hora de cenar! ¿Y sabes lo que haces en la cena?

—¿Qué? —pregunta Jerry.

—¡Hablas de tu día! ¿Cómo te fue hoy? ¿Tuviste un buen día o fue malo? Bueno, ¿qué clase de día fue? No lo sé. ¿Qué hay de ti? ¿Qué tal tu día?

—Chico —dice Jerry, horrorizado por la imagen que ha sido pintada—. Es triste, Jerry. ¡Es un triste estado de cosas!

—Me alegra que hayamos tenido esta charla —le dice Jerry a Kramer—. ¡Oh, no tienes idea! —dice Kramer.

En realidad, Kramer no tiene idea. La imagen lúgubre que pinta del matrimonio es completamente errónea. Las personas más felices del planeta son las parejas casadas que no solo informan sobre sus días, sino que también sostienen conversaciones profundas y significativas. Las parejas felices son los mejores amigos.[2] Por una buena razón también. El matrimonio ofrece una especie de intimidad emocional a diferencia de cualquier otra relación. Y la intimidad, esa conexión de alma con alma, es uno de los impulsores de la felicidad más poderosos.

Definición de intimidad

Robert Sternberg, de la Universidad de Yale, estudió el amor romántico mucho antes de que estuviera de moda entre los eruditos. En su proyecto innovador descubrió los ingredientes esenciales del amor: pasión, compromiso e intimidad.[3] La pasión es física. El compromiso es voluntario. Y la intimidad es emocional. La intimidad es un sentimiento que dice algo como: «Me entiendes y te hago sentir como a nadie en el planeta». Es la sensación de estar profundamente sincronizado con la persona que amas. Sientes que son los mejores amigos.[4]

> Un matrimonio feliz es como una larga conversación que siempre parece demasiado corta
>
> *Andre Maurois*

Si buscas la definición de intimidad en un diccionario encontrarás palabras como: *cercano, cálido, familiar, afectuoso, atento y comprensivo*. Algunos investigadores dicen que la intimidad surge cuando ves menos «yo» y «tú» en la relación y más «nosotros».[5] Engendra interdependencia, un conocimiento detallado del otro y un profundo sentido de pertenencia.[6]

De acuerdo con un estudio anterior, la intimidad implica dos criterios.[7] Primero, las parejas íntimas *comparten información*. Tienen secretos. Se revelan sus planes y se proporcionan mutuamente detalles personales que no comparten con los demás. En segundo lugar, los cónyuges no solo comparten información, sino que también se *comprenden profundamente*. Esto les permite conocer los pensamientos, hábitos y preferencias de cada uno. A la esposa de Albert Einstein se le preguntó en una ocasión si entendía la teoría de la relatividad de su marido. «No», dijo, «pero sé cómo le gusta su té». Eso es parte de la intimidad emocional.

En una reunión para terapeutas matrimoniales y familiares hace algún tiempo, escuchamos a un orador definir la *intimidad* de una manera que parecía más amistad que una relación conyugal. La intimidad es poder ver el interior de cada uno.

Es estar consciente de la profundidad interna de tu cónyuge. Es la conexión de dos almas. Es estar sintonizados en nuestros espíritus. El doctor Don Harvey, en *The Spiritually Intimate Marriage*, dijo que es la capacidad de compartir tu ser espiritual, encontrar la reciprocidad y tener un sentido de unión. La intimidad espiritual hace que del espíritu de una pareja broten nuevas alas. La intimidad espiritual profunda y perdurable permite que la relación de una pareja se eleve.

> No hay nada más íntimo en la vida que simplemente ser entendido. Y entender a alguien más.
>
> *Brad Meltzer*

Intimidad y felicidad

«Ay del que está solo cuando cae y no tiene otro que lo levante», advierte el sabio en Eclesiastés. Eso es muy cierto. Necesitamos el cuidado que proviene de la intimidad. Sin eso, seguro que no somos felices.

El Centro Nacional de Investigación y Opinión, le hizo una pregunta sencilla a la gente: «En los últimos seis meses, ¿quiénes son las personas con las que discutiste que son importantes para ti?» Comparado con aquellos que no podían nombrar a alguien tan íntimo, aquellos que si pudieron nombrar a alguien el sesenta por ciento tenía más probabilidades de sentirse «muy felices».[8]

> Hay pocos indicadores de la felicidad más fuertes que la compañía cercana, enriquecedora, imparcial, íntima y de por vida con el mejor amigo de uno.
>
> *David Myers*

Seis investigaciones masivas, cada una entrevistando a miles de personas a lo largo de varios años, han llegado a una conclusión común: la intimidad no solo aumenta la felicidad, sino que es esencial para mantenerla.[9] Aquellos que se sienten conocidos y comprendidos por familiares, amigos o una comunidad religiosa unida no solo son menos vulnerables al estrés y la enfermedad, sino que están intrínsecamente unidos. «Los apegos íntimos a otros seres humanos», escribió el psiquiatra John Bowlby, «son el eje alrededor del cual gira la vida de una persona».[10] Sentirnos cerca de otros con quienes podemos compartir pensamientos y sentimientos íntimos tiene dos efectos, observó el filósofo del siglo XVII *Francis Bacon:* «Redobla las alegrías y reduce las penas a la mitad». Sin duda, la intimidad y el bienestar están íntimamente unidos.

Innumerables estudios médicos han demostrado el valor de la intimidad emocional en la recuperación, la sanidad y la inmunidad, además de vivir más tiempo. La intimidad, sin embargo, no solo es buena para el cuerpo sino también para el alma.[11] Un creciente grupo de investigadores ha encontrado, que las personas con fe hacen frente a las cosas de manera más efectiva y sufren menos depresión que aquellos que no lo hacen.[12] No solo eso, además los creyentes que incorporan su fe a la vida diaria (asisten a servicios, leen las Escrituras, oran), tienen un nivel más alto de felicidad: frecuencia de emociones positivas y sentido general de satisfacción con la vida.[13]

¿Por qué estudiar la espiritualidad en conexión con la intimidad? Porque la intimidad flota en las aguas poco profundas de la vida hasta que la espiritualidad la lleva al fondo. Cuando revelamos nuestra alma a otra persona, o a Dios, estamos llegando al núcleo profundo de la intimidad. Y montones tras montones de investigaciones revelan que cuanto más íntimos espiritualmente nos sentimos, más felices somos también.[14]

Lo que la intimidad hace por tu relación

Quizás la excusa más pobre que alguna vez escuchamos de una pareja que se divorcia es: «Simplemente nos estábamos alejando». Discúlpanos, pero no hay tal deriva. Es una serie de decisiones, elecciones y actitudes que distancian a una pareja. Fundamentalmente, son las elecciones las que evitan que sus espíritus se conecten. Son las decisiones las que bloquean la intimidad. Por eso dejan de ser amigos. «*No es falta de amor*», dijo *Friedrich Nietzsche*, «sino una falta de amistad que hace a los matrimonios infelices». Por cierto, la evidencia científica social muestra claramente que la gran la mayoría de los divorcios ocurre en matrimonios con conflictos relativamente bajos.[15] Se produce un malestar en el matrimonio. Y eso se debe a la falta de intimidad emocional.

> La mayoría de las camas no son tan íntimas como la gente cree.
>
> *Malcom Bradbury*

Después de revisar cientos de estudios de investigación sobre los diversos factores que predicen los matrimonios estables y felices, los científicos convergen en un factor primario inesperado: *la amistad*. De hecho, la intimidad emocional de la amistad triunfa sobre el romance.[16] Observemos lo siguiente: una investigación de *Gallup* indica que la calidad de la amistad de una pareja podría representar el setenta por ciento de la satisfacción marital en general. De hecho, se dice que la intimidad emocional que comparte una pareja casada es cinco veces más importante que su intimidad física. Ese es un indicador increíblemente fuerte de lo importante que es la intimidad emocional para la felicidad conyugal.

> Entre los hombres, el sexo a veces resulta en intimidad. Entre las mujeres, la intimidad a veces resulta en sexo.
>
> *Barbara Cartland*

El primer estudioso del matrimonio *John Gottman,* resume más de dos décadas de investigación y docenas de estudios al afirmar que «la simple verdad [es] que los matrimonios felices se basan en una amistad profunda».[17] *Gottman* cree que en los buenos matrimonios, las parejas logran una familiaridad íntima con los caprichos, deseos, miedos, aspiraciones y hábitos de cada uno. Expresan este conocimiento en grandes y pequeños detalles: «Cuando ella le pide una ensalada, él sabe que el aderezo lo pone al lado. Si ella trabaja tarde, él le grabará su programa de televisión favorito porque sabe cuál es y a qué hora lo transmiten».

Gottman llama a esta interacción «*el mapa de amor de la pareja*». Y cuanto más lo estudies, más íntimo te vuelves con todos sus detalles.[18]

No te equivoques: la intimidad emocional en el matrimonio es una de las fuentes más importantes de felicidad que la pareja puede encontrar.

¿Cuál es tu coeficiente de intimidad?

¿Qué tan bien se conocen? Para saberlo, cada uno de ustedes puede tomar el siguiente cuestionario por separado.

Cuanto más honesto seas con tus respuestas, más perspicaces serán tus resultados.

Sí No Sé qué tensiones enfrenta actualmente mi pareja.

Sí No Sé los nombres de las personas que han estado irritando a mi cónyuge últimamente.

Sí No Conozco algunos de los sueños de mi pareja.

Sí No Estoy muy familiarizado con la religión de mi par.

Sí No Puedo delinear la filosofía básica de mi compañero.

Sí No Conozco la música favorita de mi cónyuge.

Sí No Puedo enumerar dos o tres películas favoritas de mi pareja.

Sí No Conozco las situaciones más estresante que le sucedieron a mi pareja en su niñez.

Sí No Puedo enumerar las principales aspiraciones de mi compañero.

Sí No Sé lo que mi par haría si se ganara un millón de dólares.

Sí No Normalmente asistimos a la iglesia juntos.

Sí No Tengo al menos diez minutos de conversaciones de calidad con mi cónyuge al día.

Sí No Siento que mi pareja me conoce bien.

Sí No No es raro que mi pareja y yo oremos juntos.

Sí No Siento intimidad emocional con mi cónyuge la mayoría de los días.

Si respondiste que sí a más de diez planteamientos, tu intimidad emocional con tu cónyuge probablemente esté en buena forma. Los dos se sienten muy sincronizados. ¡Felicitaciones! Si tenías menos de diez, puedes mejorar; encontrarás varios refuerzos en este capítulo que te ayudarán a lograrlo.

Cómo conectar sus espíritus

Los buenos amigos son difíciles de encontrar. Y cuando se encuentran, especialmente en el matrimonio, a veces suponemos que los merecemos. Es por eso que un poco de intencionalidad puede ayudarte a proteger tu relación de la deriva proverbial y sobrealimentar tu felicidad. Cada uno de los consejos que verás a continuación está respaldado por investigaciones serias. Pero, como siempre te decimos, aprópiate de los que creas que funcionarán mejor para ti y tu relación.

Prepárate para tener grandes conversaciones

Si en este momento nos encontráramos reunidos alrededor de una mesa, y no a través de las páginas de este libro, les pediríamos permiso para hablar cara a cara, Les con el esposo y Leslie con la esposa. Como no podemos hacer eso, dividiremos este consejo en dos secciones.

Especialmente para los hombres: si tu esposa tuviera que calificar lo romántico que has sido con ella en los últimos tres meses, ¿qué diría? ¿No sabrías qué decir? Una encuesta entre más de mil quinientas mujeres casadas reveló que están hambrientas de romance.[19] Y con una buena razón. Un cuarenta y cinco por ciento de ellas dicen que no les han ofrecido un abrigo cuando hace frío y el cincuenta y tres por ciento nunca han tenido una sorpresa emocionante. ¿Por qué?

No es pereza. Las investigaciones revelan que los hombres subestimamos severamente el valor romántico hasta del acto más simple. Pero podemos hacerlo mejor. A continuación tenemos una pequeña lista creada por mujeres casadas que podría ayudar:

- Cúbrele los ojos y dale una grata sorpresa.
- Dile que es la mujer más maravillosa que has conocido.
- Prepárale un baño relajante.

- Déjale una nota romántica en la casa para que la encuentre.
- Ofrécele un abrigo cuando haga frío.

Considera que ninguna de estas ideas implica un solo centavo de gasto. Para la mayoría de las mujeres, los actos de derroche son lo último en las listas de detalles románticos. Realmente lo que cuenta son los pequeños detalles que le dicen que estás pensando en ella.

Especialmente para las mujeres: ¿cuándo fue la última vez que le dijiste a tu marido lo orgullosa que estás de él? Es decir, ¿cuándo lo has afirmado por última vez? Como era de esperar, los estudios muestran que recibir la afirmación de un cónyuge (expresiones de aprecio, deseo o apoyo) es muy importante tanto para el esposo como para la esposa. Pero es más importante para los maridos. ¿Por qué? Los esposos dependen de sus esposas para estar tranquilos y comprendidos, porque normalmente no lo encuentran en sus amistades como las mujeres. Si quieren elogios o simpatía o la posibilidad de hablar sobre un tema delicado, es a la esposa a quien el esposo busca.

Esta es la conclusión: la investigación muestra que los cónyuges que hacen esfuerzos reflexivos para con el otro son mucho más propensos a abrirse en la conversación que aquellos que no lo hacen. Sorprendido, ¿verdad? Pero cada vez que le damos a nuestro cónyuge los dones emocionales que necesita, estamos preparándonos para sostener conversaciones más íntimas y positivas.

Recupera los diez minutos que puedes haber estado perdiendo

Al principio de nuestro matrimonio parecíamos hablar de todo. Nada pasaba los límites. Hablábamos extensamente sobre nuestros sueños, nuestras luchas, miedos y triunfos. En resumen, éramos vulnerables. Compartimos cosas que no nos atrevimos a hablar con nadie más. Pero en algún punto de la línea (sin duda después que nacieron nuestros hijos), esas charlas de corazón a corazón disminuyeron, junto con la intimidad que tenían como consecuencia. Todavía hablábamos, por supuesto, pero no esas conversaciones sensibles que una vez tuvimos.

«Puedes tener una conversación de dos horas y no hablar sobre nada de sustancia, valor o calidad», dijo Terri Orbuch en el Instituto de Investigación Social de la Universidad de Michigan. Ella y sus colegas estudiaron a trecientas setenta y tres parejas casadas durante más de veinte años y presentaron una receta para aumentar la intimidad emocional: diez minutos al día para una conversación de calidad. «Muchas parejas creen que se están comunicando entre sí cuando determinan quién recogerá a los niños, pagará las cuentas o llamará a los abuelos», dijo Orbuch. Pero ese no es el tipo de comunicación de la que ella está hablando. Su investigación y muchas otras muestran congruentemente un vínculo entre los matrimonios felices y la «autorrevelación», o compartir sus sentimientos, temores, dudas y percepciones privadas con su pareja.

¿Por qué es eso importante? Debido a que las primeras etapas del matrimonio, según muestran los estudios, se caracterizan por conversaciones francas y frecuentes, las que casi siempre se reducen si las parejas no son intencionales, especialmente cuando llegan los niños. En otras palabras, a medida que tu matrimonio madura, la autorrevelación corre el riesgo de desaparecer.[20] No dejes que eso te ocurra. Hay mucho en juego.

> La intimidad es la capacidad de ser bastante extraño con alguien y descubrir que eso le es normal.
>
> *Alain De Botton*

Prueba el consejo de la doctora Orbuch. Nosotros lo hicimos. Rara vez pasa un día sin que tengamos al menos diez minutos de una conversación íntima. Por lo general, después que nuestros niños están en sus camas y la casa en silencio. De vez en cuando, tomamos el almuerzo juntos, si nuestros horarios no lo permiten. ¿Sobre qué hablamos? Nos enfocamos el cinco por ciento en nuestra vida, casi nunca discutimos. Inténtalo. Recupera las conexiones de corazón a corazón que puedes estar perdiendo. Seguramente verás un aumento en tus niveles de intimidad emocional.

Enumera las diez fallas principales de tu cónyuge

Una abuela, celebrando sus bodas de oro, una vez contó el secreto de su largo y feliz matrimonio. «El día de mi boda, decidí hacer una lista de diez de las fallas de mi esposo que, por el bien de nuestro matrimonio, pasaría por alto», dijo.

Una invitada le preguntó a la mujer cuáles eran algunas de las fallas que había elegido pasar por alto. La abuela respondió: «A decir verdad, querida, nunca llegué a enumerarlas. Pero cada vez que mi marido hacía algo que me enloquecería, me decía a mí misma: ¡Por suerte para él, esta es una de las diez!

> La comunicación conduce a la comunidad, es decir, a la comprensión, la intimidad y la valoración mutua.
>
> *Rollo May*

Las parejas que son capaces de reconocer las fallas de su par mientras mantienen en general una visión positiva de su matrimonio, por lo general pueden experimentar más felicidad y tener una satisfacción más estable a lo largo del tiempo.[21] Eso tiene sentido. Después de todo, no podemos simplemente ignorar las cosas que nos vuelven locos. A mí, Les, por ejemplo, después de más de veinticinco años de matrimonio con Leslie, todavía me resulta increíble que ella no viva con un poco más de organización. Ya sea que se trate de administrar dinero o simplemente saber lo que necesitamos comprar en el mercado, Leslie tiene un espíritu libre. Me vuelve loco, pero también es una de las cosas que más amo de ella. *Ella es mi media naranja, mi complemento.*

Nos tomó gran parte de nuestros primeros diez años apreciar las fallas de cada uno. Y todavía estamos trabajando en eso. Pero esto es lo que hemos aprendido: cuando renuncias a la necesidad de cambiar las «fallas» de tu pareja, también dejas de lado la necesidad de irritarte. Empiezas a aceptarlas como parte de lo que es tu pareja y, de hecho, tienes la oportunidad de dejar que esas peculiaridades se conviertan en las cosas que te hacen amarle. Los negativos se vuelven positivos.

Eso es lo que los investigadores quieren decir al manejar una visión positiva de tu matrimonio mientras reconoces las fallas. Si puedes aceptar las fallas sin dejar que te arrastren a la negatividad, fortaleces tu relación y subes la apuesta por una mayor intimidad emocional.

Ora por esto y sigue adelante

Las parejas que oran unidas… ya sabes el resto. Pero es más que un dicho pegajoso. Una encuesta de la Universidad de Chicago sobre parejas casadas descubrió que el setenta y cinco por ciento de los estadounidenses que oran con sus cónyuges informaron que sus matrimonios son «muy felices» (en comparación con el cincuenta y siete por ciento de los que no lo hacen). Aquellos que oran juntos también son más propensos a decir que se respetan entre sí, tienen una comunicación abierta en su matrimonio, hacen frente a las presiones y califican a sus cónyuges como buenos amantes.[22]

Ya sea que se trate de un simple comentario a la hora de la cena o de una meditación profunda, las parejas dicen que una rutina de vida espiritual compartida les ayuda a mantenerse cerca y aviva el fuego de la intimidad emocional.

«Hemos estado casados durante nueve años, pero orar juntos es algo que no comenzamos a hacer hasta hace un año», dice nuestro amigo Daniel, un bioquímico de treinta y ocho años de edad, en Seattle. «En el pasado, siempre que nos enfrentábamos a grandes decisiones, hablábamos y discutíamos sobre ellas, pero nunca llegábamos a una resolución. La oración comenzó a cambiar eso con nosotros». «Cuando oramos juntos, podemos hablar con mucha más honestidad», afirma su esposa Jacquie. «Creo que es lo más íntimo que se puede hacer con otra persona».

Al igual que Daniel y Jacquie, el treinta y dos por ciento de las parejas casadas estadounidenses oran juntas periódicamente.[23] Algunos se toman de la mano. Otros oran en silencio. Otros lo hacen en voz alta. Algunos, antes de la cena. Otros en la cama. Unos piden perdón o agradecen. Cualquiera sea el momento, lugar o estilo, la oración es una poderosa fuente de intimidad.

Sin embargo, hay un secreto de oración que la mayoría de las parejas no saben: los cónyuges que practican la oración meditativa son más felices y, en general, se sienten más cercanos a Dios que los que practican otros tipos de oraciones, como pedir el auxilio divino o pedir bendiciones.[24] La oración meditativa se produce cuando simplemente te pones «en la presencia» de Dios. El hermano Lawrence, parisino que trabajó la mayor parte de su vida en la cocina de un monasterio, literalmente escribió un libro sobre este tema. «Qué felices nos sentiríamos si pudiéramos encontrar el tesoro del que habla el evangelio», dijo. «Busquemos sin cesar y no nos detengamos hasta que lo hayamos encontrado». ¿Cuál tesoro? Por supuesto, la relación con Dios. Por tanto, si todavía no lo haces, considera hacer de la oración una práctica diaria en tu relación.

> El alma siempre debe estar entreabierta, lista para recibir la experiencia extática.
>
> *Emily Dickinson*

Oren el uno por el otro. Ora por tu familia. Da gracias por tu bendición. Pero no descuides la oración que simplemente busca tener una relación con Dios. Cuando caminas junto a Dios, la intimidad te hallará.

Únete a una iglesia

El aclamado autor y teólogo británico C. S. Lewis describió la felicidad hace cincuenta años en términos que tienen aún más sentido hoy en nuestra sociedad acelerada:

El automóvil está hecho para funcionar con [gasolina], de modo que no funcionaría correctamente con ninguna otra cosa. Ahora, Dios diseñó la máquina humana para que caminara con Él. Nuestros espíritus fueron diseñados para quemar el combustible que representa su Espíritu Santo, ese mismo Espíritu que nos nutre. No hay otro combustible que pueda poner a funcionar nuestra máquina. Es por eso que no es bueno pedirle a Dios que nos haga felices a nuestra manera sin considerar la religión. Dios no puede darnos felicidad y paz aparte de sí mismo, porque ella no existe sin Él. No hay tal cosa.[25]

> La felicidad del corazón no puede lograrse sin Dios, así como la luz solar y el amanecer tampoco lo pueden hacer sin el sol.
>
> *Bernard Vaughan*

Los investigadores parecen concordar. Una encuesta tras otra muestra que las personas con fuerte fe religiosa —que están relacionadas con Dios— son más felices que las que no son religiosas.[26] David Myers, un psicólogo social del Hope College de Michigan, dijo que la fe proporciona apoyo social, un sentido de propósito y una razón para enfocarse más allá del yo, todo lo cual ayuda a enraizar a las personas y conduce a una mayor conexión y felicidad. La expresión más concreta de nuestra fe, a menudo es asistir a la iglesia.

Según el sociólogo W. Bradford Wilcox de la Universidad de Virginia, las parejas casadas que asisten juntas a la iglesia tienden a ser más felices que las que raramente o nunca asisten a los servicios.[27] Wilcox descubrió que los estadounidenses casados que asisten a la iglesia a través de clasificaciones denominacionales y raciales eran más propensos a describirse a sí mismos como «muy felices» que sus contrapartes no religiosas. «Asistir a la iglesia solo parece ayudar a las parejas cuando lo hacen juntas», dijo Wilcox. Y se apresuró a agregar que solamente asistir a la iglesia no funciona como algún tipo de magia. «Tienes que combinar la fe y el trabajo para disfrutar de un matrimonio feliz y estable.

Necesitas el mensaje coherente, la responsabilidad y el apoyo que una comunidad eclesial puede brindar para beneficiarte realmente de la fe».[28]

Nosotros dos hemos ido a la iglesia toda nuestra vida. Literalmente. Ambos crecimos en hogares de ministros. Éramos hijos de predicadores. Así que hemos conocido los beneficios de ir a la iglesia. Pero debido a que es una parte tan importante de nuestras vidas, corremos el riesgo de que se convierta en parte de una rutina mundana, como poner gasolina en nuestro automóvil. Entonces, hace unos años, decidimos ser intencionales en cuanto a la iglesia y nuestras vidas. Eso empieza desde que subimos a nuestro automóvil y ponemos en el radio o reproductor canciones cristianas. Incluye música que siempre hemos asociado con la iglesia, canciones que son particularmente significativas para nosotros. También nos aseguramos de tomarnos de las manos en algún momento del servicio. Es nuestra manera de decir que estamos completamente presentes, no solo haciendo una rutina. Y siempre compartimos sobre nuestro servicio de adoración durante el almuerzo, señalando lo que fue particularmente útil o destacado. Sé que entiendes la idea. Entonces, si ir a la iglesia se ha convertido en algo rutinario, intenta darle un impulso.

Un pensamiento final en cuanto a sintonizar sus espíritus

Al terminar este capítulo dedicado a ayudarte a cultivar más intimidad emocional, aumentar tu factor de amistad y sintonizar sus espíritus, queremos hablarte de las siguientes citas de dos diarios imaginarios en los que esposa y esposo reflexionan sobre los eventos del mismo día:

El diario de ella

Esta noche, mi esposo estaba actuando raro. Habíamos planeado encontrarnos en un buen restaurante para cenar. La conversación no fluía, así que sugerí que fuéramos a un lugar más adecuado para poder hablar. Él estuvo de acuerdo, pero no dijo mucho. Le pregunté si había algo mal. Él dijo: «Nada». Le pregunté si era culpa mía que estuviera molesto. Dijo que no estaba molesto, que eso no tenía nada que ver conmigo y que no debía preocuparme por eso. En el camino a casa, le dije que lo amaba. Él sonrió levemente y siguió conduciendo. Cuando llegamos a casa, simplemente se sentó en silencio y vio televisión. Él continuó pareciendo distante y ausente. Finalmente, rodeados de un absoluto silencio, decidí ir a la cama. Unos quince minutos más tarde llegó él. Pero todavía sentía que estaba distraído y sus pensamientos estaban en otro lado. Él se quedó dormido. No sé qué hacer.

El diario de él

Un día difícil. El barco no arrancó, no puedo entender por qué.

Claro, las palabras son ficticias, pero la experiencia emocional es tan real como se supone. Los hombres y las mujeres no abordan una conversación profunda y significativa de la misma manera. Si bien ambos anhelamos la intimidad emocional compartida, no siempre procesamos o expresamos eso con el mismo vocabulario. Por tanto, mientras trabajas para sintonizar tu espíritu con el de tu par, ofrézcanse mutuamente gracia y entendimiento.

Para reflexionar

1. ¿Cuándo y dónde te sientes mejor íntima y emocionalmente con tu cónyuge y por qué?

2. Es difícil exagerar la importancia de cultivar el factor amistad en el matrimonio. ¿Ves el modo en que tus elecciones determinan realmente tu vitalidad y no tu «deriva»? ¿Estás de acuerdo?

3. Uno de los consejos en este capítulo para aumentar la intimidad y, por lo tanto la felicidad, es reclamar los diez minutos de conversación significativa que puedes estar desperdiciando. ¿Crees que pondrás esto en práctica? ¿Por qué?

8

Agrega valor a los demás

A menos que pensemos en los demás y hagamos algo por ellos, extrañaremos una de las mayores fuentes de la felicidad.

Ray L. Wilbur

«¿Qué consejo matrimonial —de una frase— les darían a estos doscientos estudiantes?», le preguntamos cada lunes por la tarde a una pareja que invitamos a nuestra clase sobre matrimonio en Seattle Pacific University. Después de la conferencia vespertina, siempre invitamos a una pareja para hacer una breve entrevista, la cual siempre terminamos con esa pregunta. Por lo general, el esposo y la esposa se miran como si dijeran: «Tú primero». Y, finalmente, uno de ellos responde. De vez en cuando tenemos que recordarles que deben hacerlo con una sola frase u oración, pero siempre dejan a nuestros alumnos con una perla de sabiduría. Hemos estado haciendo esto durante casi veinte años e incluso después de veintiocho años de matrimonio, sentimos tanta curiosidad por ver lo que van a decir los invitados como nuestros estudiantes. Veamos una muestra a continuación:

- «Si no aprendes cómo perdonar, no aprenderás a permanecer casado».
- «Lo que ahora es, será después también pero más acentuado».
- «No escatimes en tu presupuesto de lencería».
- «Cuando discutan —y seguro que lo harán— asegúrense de saber por qué lo hacen».

Los estudiantes anotan todo lo que dicen nuestros invitados y para el final del semestre tienen un tesoro de sabiduría conyugal. Y nosotros también. Nunca tienes demasiada experiencia para aprender de la de los demás. «Cuando las personas me dicen que han aprendido por experiencia», expresa Warren Buffet, «les digo que el truco es aprender con la experiencia de los demás». No podríamos estar más de acuerdo, sobre todo en lo que respecta al matrimonio.

La definición de bondad

Esto fue escrito por primera vez en un mantel individual en un restaurante en Sausalito, California: «Haz actos bondadosos al azar y cosas hermosas aunque parezcan sin sentido». Cuando Ann Herbert escribió esa frase en la década de 1980, no tenía idea de que se difundiría rápidamente por todas partes. La frase aparecería en miles de calcomanías para parachoques y placas de automóviles, además apareció en un programa de *Oprah Winfrey*, todo ello por lo que Ann escribió en un mantel individual.

Ella captó, en un momento, la atención de muchas personas que actúan desinteresadamente para ayudar o animar a los demás. Los actos bondadosos aportan una actitud no calculadora al ser humano que no busca recompensa ni aplauso alguno. Muchos llaman a eso benevolencia, buena voluntad, generosidad o altruismo. Pero la palabra *bondad* parece ser la más directa. Viene de un vocablo *sajón que significa «familia» o «pariente»*, lo cual tiene sentido. Cuando somos amables, incluso con un extraño, tratamos a los demás como si fueran de la familia.

La bondad echa de nosotros el miedo a ser explotados. Hace que renunciemos al autoenfoque. La bondad hace que detengamos nuestras actividades para aumentar las de otras personas. En resumen, los actos bondadosos agregan valor a los demás.

Cómo aumenta tu felicidad al agregar valor a los demás

El mundialmente renombrado escritor Bernard Rimland se especializó en autismo. De hecho, vio como una vocación personal la búsqueda de la cura de dicha enfermedad, escribir libros sobre el tema y recaudar dinero para las investigaciones. Sin embargo, el doctor Rimland hizo un experimento sorprendentemente sencillo en su travesía que arroja luz sobre la felicidad. Les pidió a doscientos dieciséis estudiantes que enumeraran las iniciales de diez personas que conocieran muy bien, lo que arrojó un gran total de unas dos mil personas. Luego les pidió a los estudiantes que notaran si cada una de esas personas eran felices o no.

> Las únicas personas realmente felices son aquellas que han aprendido a servir.
>
> *Rick Warren*

Al final, les pidió que revisaran a cada persona nuevamente, indicando si la misma parecía egoísta (dedicada principalmente a su propio bienestar) o desinteresada (dispuesta a ser molestada por los demás).

El resultado fue como sigue: el setenta por ciento de los juzgados desinteresados parecían felices. El noventa y cinco por ciento de los juzgados como egoístas parecían descontentos. Qué paradoja. «Las personas egoístas son, por definición, aquellas cuyas actividades están dedicadas a lograr la felicidad», dijo Rimland. «Sin embargo, al menos según lo que juzgan los demás, esas personas egoístas tienen menos probabilidades de ser felices que aquellos cuyos esfuerzos se dedican a hacer felices a otros».

Sin duda, la noción de amabilidad que lleva a la felicidad no es nueva. Escritores, filósofos y pensadores religiosos han hecho la conexión durante siglos. El ensayista escocés Thomas Carlyle bromeó diciendo: «Sin bondad no puede haber verdadera alegría». Mark Twain expresó: «La mejor manera de animarse es tratar de animar a otra persona». El pastor Rick Warren señaló: «Las únicas personas realmente felices son aquellas que han aprendido a servir». Y luego hay un dicho que dice así:

Si quieres ser feliz…
… durante una hora, toma una siesta.
… por un día, ve a pescar.
… por un mes, cásate.
… por un año, consigue una herencia.
… para toda la vida, ayuda a otros.

No obstante, fue solo hasta hace poco que esos sentimientos fueron puestos a prueba para ver si realmente eso ayuda a aumentar la felicidad. *Sonja Lyubomirsky* y sus colaboradores de la Universidad de California, en Riverside, reclutaron a algunos participantes y les pidieron que realizaran cinco actos bondadosos por semana durante seis semanas.[1] Todos los domingos por la noche los participantes entregaron sus «reportes de bondad» en los que describían los actos bondadosos que habían hecho, a quién y cuándo. Como se esperaba, ser generoso y considerado hizo feliz a la gente. Es más, sintieron que su felicidad se elevaba de manera significativa. Pero ese fue solo el primero de muchos experimentos que muestran que la bondad efectivamente produce felicidad (no es que simplemente se correlacione con ella). Desde ese primer estudio, el equipo investigativo de la Universidad de California en Riverside ha llevado a cabo investigaciones más largas e intensas, todas las cuales destacan cuán poderosos son los actos bondadosos y cuánto inciden en el aumento de la felicidad.

Lo que hace por tu relación el hecho de agregar valor a los demás

Deitrich Bonhoeffer, el teólogo alemán que fue ahorcado por los nazis durante la Segunda Guerra Mundial, escribió un maravilloso sermón de bodas mientras estaba en prisión, pero nunca tuvo la oportunidad de expresarlo en persona.[2] Bonhoeffer dijo:

> El matrimonio es más valioso que el amor por tu cónyuge. Tiene una mayor dignidad y poder dado que es la sacra ordenanza de Dios… Con el amor solo ves el cielo de tu felicidad, pero con el matrimonio eres colocado en una posición de responsabilidad en cuanto al mundo y a la humanidad. El amor que sientes es posesión tuya, personal; pero el matrimonio es algo más que personal: es una condición, un ministerio… que te une a otra persona ante los ojos de Dios.

¿Has pensado en la «mayor dignidad y poder» de tu matrimonio? ¿Han pensado recientemente sobre su «posición de responsabilidad» matrimonial para llegar al mundo en equipo, ustedes dos juntos? ¿Haciendo el bien como dos personas casadas, trascendiendo para formar parte de algo más grande?

El matrimonio es un gran medio para duplicar tu buena voluntad. Es un gran motivador para «estimularse unos a otros al amor y a las buenas obras» (Hebreos 10:24).Dos personas que se unen en matrimonio, como dijo Bonhoeffer, se ordenan para servir a otros como equipo. Como asociación, dos individuos pueden servir a otras personas mejor de lo que podrían hacerlo por separado. Por lo tanto, no olvides el valor agregado del servicio compartido y los actos de bondad combinados. Cuando lo haces, por lo general, eres doblemente bendecido.

¿Cuál es tu coeficiente de generosidad?

¿Cómo te va —en tu calidad de pareja— cuando se trata de agregar valor a los demás? Responde este pequeño cuestionario para hacer una autorreflexión y ver. Simplemente responde cada pregunta con franqueza.

1. Nuestros amigos nos describirían como generosos de espíritu.

Para nada   *Absolutamente*
   1   2   3   4   5   6   7   8   9   10

2. Hemos hecho algo juntos por alguien necesitado en el último mes.

Para nada   *Absolutamente*
   1   2   3   4   5   6   7   8   9   10

3. Conocemos la satisfacción y la alegría que proviene de hacer algo en conjunto que mejoró la vida de otra persona.

Para nada   *Absolutamente*
   1   2   3   4   5   6   7   8   9   10

---

4. Hemos hecho algunos actos específicos de buena voluntad juntos que nadie más sabe.

Para nada   *Absolutamente*

1   2   3   4   5   6   7   8   9   10

5. Estamos buscando maneras de alentar y ayudar a otros.

Para nada   *Absolutamente*

1   2   3   4   5   6   7   8   9   10

Puntaje total:

Comprende tu puntaje

Tu puntaje puede variar entre 5 y 50. Cuanto mayor sea, más probabilidades tendrá de agregar valor a los demás. En otras palabras, ustedes dos propenden a hacer actos bondadosos en conjunto. Cualquiera sea tu puntuación, cada uno de los dos puede aportar más cada día para hacer el bien juntos.

Cómo agregar valor a los demás

«Nos ganamos la vida con lo que obtenemos», dijo Winston Churchill. «Hacemos una vida con lo que damos». Independientemente de lo que hagas para ganarte la vida, los siguientes consejos están diseñados para ayudarte a hacer una vida —y un matrimonio— feliz, al compartir la existencia junto a tu par. Atesora los consejos que te parezcan más sensatos.

Haz una lista de actos bondadosos que puedas compartir

¿Sabías que hay listas que pueden salvar vidas? Es verdad. El reportero *Atul Gawande* aclaró eso en su artículo del *New Yorker* titulado: «*Lista de verificación*».[3] Señaló que el paciente promedio en una unidad de cuidados intensivos requiere ciento setenta y ocho acciones individuales por día. ¿Qué pasa si el uno por ciento de esos ajustes médicos cruciales, como inclinar la cama de los pacientes treinta grados, se pierde? ¿Se traduciría en una futura enfermedad o hasta en muerte? Para encontrar la respuesta, los investigadores médicos crearon una lista de verificación para todos los pacientes con ventilación mecánica. Al cumplir con verificar la lista, la proporción de pacientes que no recibieron la atención recomendada disminuyó de setenta y cuatro por ciento a cuatro por ciento. Las listas no solo salvan vidas, estimulan la creatividad. La técnica es muy simple en principio: expón tu problema o pregunta en la parte superior de una hoja de papel en blanco y elabora una lista de cien respuestas.

> Te he dicho estas cosas con un propósito: que mi alegría sea tu alegría y tu alegría sea plena. Este es mi mandato: ámense unos a otros de la manera en que yo los amé.
>
> *Juan 15:11 (parafraseado)*

Por ejemplo, uno podría usar el encabezado: «Cien maneras de mejorar mis relaciones». Sí, cien puede parecer demasiado pero aparentemente es la exageración lo que hace que esta técnica de la lista funcione tan bien.[4]

Así que lo siguiente es lo que les recomendamos: Hagan una lista de, al menos, cincuenta acciones que puedan realizar para mostrar un acto bondadoso nuevo y especial más allá de la relación que tienen (apúntense cien si son expertos). Decimos «*nuevo y especial*» porque ustedes ya están haciendo actos bondadosos, aunque no estén pensando mucho en ello. Esta lista está dedicada a *nuevas* acciones.

Ahora bien, seamos sinceros. Cuando lo hicimos la primera vez fue asombrosamente difícil. Podríamos notar con mucha facilidad que hacemos cosas por nuestra cuenta, pero cuando se trata de actos bondadosos que hacemos juntos es un verdadero desafío, al principio. Una vez que comenzamos, sin embargo, las ideas empiezan a fluir más fácilmente. Vamos unos ejemplos a continuación:

- Visitar a David en el hospital.
- Enviarles a los Webber una foto y una nota de agradecimiento por el tiempo que nos tuvieron en su cabaña el verano pasado.
- Entregar a Sarah, en la iglesia, los libros que nuestros hijos ya no utilizan.
- Recoger la basura que yace frente a la casa de un vecino.
- Darle un buen consejo a nuestro servidor en Chinooks.
- Llevarle barras de granola al chico menesteroso de la calle Virginia.
- Llamar a Lucy para que sepa que pensamos en ella a menudo.
- Donar juntos en el banco de sangre de la localidad.
- Agradecerle al cartero sus servicios.
- Obsequiarle una sonrisa al empleado gruñón del almacén.
- Regalarles a Jake y a Crista una salida nocturna mientras cuidamos a sus hijos.

Y así podríamos enumerar muchas cosas más. La clave es ser específico. Es decir, en vez de anotar «llevar flores a alguien», considera a quién se las darás. Y deja que fluyan las ideas. La lista no es para obligarte. Por tanto, olvídala.

Por cierto, a nosotros en particular, hacer esa lista juntos elevó nuestra atención a la bondad compartida y descubrimos innumerables actos espontáneos que de otro modo podríamos haber ignorado.

Enfócate en la bondad cuando puedas

¿Recuerdas el estudio de Sonja Lyubomirsky y sus colaboradores de la Universidad de California, en Riverside, que señalamos anteriormente en este capítulo? Cuando les pidieron a las personas del estudio que realizaran cinco actos bondadosos por semana en el transcurso de seis de ellas, no solo se demostró que la amabilidad crea felicidad, sino que cuando nuestra bondad se enfoca bien, eso sobrealimenta nuestra felicidad.[5]

Lyubomirsky dividió a sus participantes en dos grupos. El primero recibió instrucciones de hacer estos actos en cualquier momento a lo largo de la semana. El segundo grupo recibió instrucciones para hacer los cinco actos en un solo día cada semana. ¿Habría una diferencia en el nivel de felicidad para cada grupo? Como era de esperar, ambos grupos aumentaron sus niveles de felicidad. Pero, como cosa curiosa, ese impulso fue significativamente mayor para el grupo que concentró gran parte de su bondad en un solo día.

¿Por qué sería eso? Lyubomirsky cree que se debe a que se es más consciente e intencional. «Muchos de los actos bondadosos que realizaron los participantes fueron pequeños», dijo. «Extenderlos durante siete días a la semana podría haber disminuido su visibilidad, su prominencia y su poder, o los hizo menos distinguibles del comportamiento habitual de los participantes». El punto es que hacer más actos bondadosos de lo que acostumbras es lo que más aumenta tu felicidad.

> La felicidad es un perfume que no puedes verter sobre los demás sin derramar unas gotas sobre ti mismo.
>
> *Og Mandino*

Así que haz un pequeño experimento por tu cuenta. Revisa la lista de actos amables que hiciste en el ejercicio anterior y selecciona cinco o seis que ambos crean que podrían hacer juntos en un día. Por supuesto, es posible que deseen hacer algunos actos que quieran realizar por separado en el día designado, pero asegúrense de que la mayoría de ellos sean actos bondadosos que puedan realizar juntos. Luego asegúrate de que tu almohada te hable esa noche, eso implica revisar tu experiencia. Si eres como la mayoría de las parejas, notarás un pico en los buenos sentimientos. Tanto es así que quizás deseen programar un día de bondad intencional juntos y con regularidad.

Prueba el servicio compartido en secreto

Dennis y Lucy Gurnsey fueron nuestros mentores desde el inicio de nuestro matrimonio. Una de las muchas cosas que aprendimos de ellos fue el valor de servir a los demás juntos. Ellos tenían el don de la hospitalidad, por lo que convirtieron su hogar en un centro de celebración en el que se ofrecían deliciosas cenas para la gente. Unas veces era casual y espontáneo, otras veces era planificado y elegante, pero siempre era especial. Organizaban fiestas de graduación, fiestas de cumpleaños y fiestas de bienvenida al vecindario. Celebraban despedidas de solteros y recepciones para embarazadas. Y cada día de la madre tenían más de una docena de madres solteras para el almuerzo dominical.

Cabe destacar que todos los que conocían a Dennis y Lucy sabían que compartían ese don de servir a los demás a través de la hospitalidad. Pero nadie sabía nada de lo que hacían por otros. Fue en una de nuestras sesiones de tutoría cuando sugirieron que intentáramos hacer actos bondadosos con alguien sin contarles ni a ellos ni a nadie más al respecto. De hecho, fue un desafío. Nos pidieron que soñáramos algo que se pudiera hacer de manera encubierta por alguien, algo que ni siquiera les revelaríamos a Dennis y Lucy.

Y lo hicimos. Planificamos un acto bondadoso

> Las personas verdaderamente más generosas son aquellas que dan en silencio, sin esperar alabanza ni recompensa.
>
> *Carol Ryrie Brink*

al azar para una persona que sabía que tenía necesidad y no le dijimos a esa persona ni a nadie más. Incluso hasta el día de hoy, más de una década después, solo nosotros dos lo sabemos. Fue nuestro primer acto de servicio súper secreto. Lo llamamos el

Triple-S. Y hemos estado perfeccionando nuestras habilidades de servicio desde entonces.

Hay algo acerca de hacer el bien a alguien cuando solo ustedes dos lo saben; eso une sus espíritus. ¿Estás dispuesto a aceptar el «Desafío Triple-S»? Considera el modo en que tu bondad podría quedar encubierta. Planifiquen un acto clandestino de buena voluntad. Y manténganlo como un secreto de ambos.

Haz diversos tipos de actos bondadosos en la medida de lo posible

La investigación lo deja claro: ayudar a los demás de forma periódica hace felices a las personas durante un período prolongado. Pero esto es lo que quizás no sepas: cuando varías lo que haces para ayudar a los demás, haces una gran diferencia en tu felicidad. En un estudio, los participantes que tuvieron que repetir sus actos bondadosos una y otra vez, realmente disminuyeron los niveles de felicidad a mitad del estudio antes de recuperarse a sus niveles originales. Si no cambiamos nuestros actos de buena voluntad, esta rutina se convertirá en solo otro elemento en nuestra lista de tareas pendientes. Eso se vuelve tedioso y, de hecho, menoscaba la felicidad. El objetivo es evitar que caigas en la rutina cuando practiques la amabilidad. Mantenlo fresco. Varía lo que hagas.

Cerca de nuestra casa en Seattle hay un hombre, Richard, que se encuentra en el mismo lugar la mayoría de los días, a las afueras de la tienda Whole Foods. Lo vemos todas las semanas. Hemos hablado con él. Conocemos su triste historia de alcoholismo y su lucha para evitar la falta de vivienda. Él tiene un espíritu optimista, de modo que te cantará una canción por un dólar.

Conocemos a Richard desde hace aproximadamente tres años. Y le hemos dado innumerables dólares en todo ese tiempo. Además, hemos escuchado todo su repertorio de canciones. De hecho, nos acostumbramos tanto a ver a Richard sosteniendo su cartel hecho a mano (que decía: «Canto por comida»), que comenzamos a considerar formas para evitarlo. Se estaba convirtiendo en un estorbo al saber que probablemente tendríamos que hablar con él a menos que estuviera cantándole a otra persona. Incluso pensamos en ir a otro supermercado, a pesar de que este estaba cerca de nuestra vivienda.

Sin embargo, ¿qué hicimos? Le dije a Richard que ya no íbamos a darle un dólar o dos por semana. Decidimos que le daríamos un regalo más significativo de vez en cuando, pero que la rutina de un dólar no estaba funcionando. «Genial —fue su respuesta—. Sólo dime cuándo quieras una y te la cantaré en tu casa».

> Que nadie se despida de ti sin irse mejor y más feliz. Sé la expresión viviente de la bondad de Dios: amabilidad en tu rostro, amabilidad en tus ojos, amabilidad en tu sonrisa.
>
> *Madre Teresa*

La conclusión es que poner dinero en el parquímetro de un extraño o sacar la basura de alguien las primeras veces es un poco difícil, pero después de un tiempo te adaptarás al nuevo hábito y ya no será algo que te cueste.

Esto no significa, por supuesto, que necesariamente debas dejar de hacerlo. Pero significa que si tiene sentido, es posible que desees combinarlo. Y, por cierto, la investigación solo muestra que esto es cierto en cuanto a actos bondadosos menores. No se aplica a compromisos más grandes como la recaudación de fondos para una causa, la tutoría de un estudiante, la visita a un vecino enfermo o la tutoría a otra pareja.

Considera la tutoría matrimonial

Hemos estado enseñando cursos de relaciones a nivel universitario casi diez años y hay algo que sabemos que es cierto en cuanto a esta experiencia; lo cual es un principio: *si quieres aprender algo, enséñalo*. Es un adagio antiguo que recordamos casi cada vez que terminamos una conferencia.

¿Has descubierto esta idea? Una vez que intentas transmitir de manera efectiva los principios o habilidades a otra persona, debes mostrar que eres experto en esos principios y habilidades. Por ejemplo, si deseas ayudar a otra pareja a manejar el conflicto de manera más efectiva, no puedes evitar mejorar este aspecto en tu propia relación.

Es por eso que en 1991 comenzamos a vincular a las parejas de los profesores y del resto del personal en nuestra universidad con estudiantes que estaban comprometidos o recién casados. Lo llamábamos *consejería matrimonial*. No pasó mucho tiempo hasta que nos quedamos sin parejas mentoras, así que comenzamos a reclutarlos en el área de las iglesias. Escribimos un pequeño folleto llamado *Manual de tutoría matrimonial;* y no pasó mucho tiempo antes de que estuviéramos haciendo eventos de capacitación para mentores matrimoniales en iglesias de todo el país. Pronto tuvimos un curso completo de video llamado: *Guía completa de tutoría matrimonial*. Más recientemente lanzamos la *Academia de mentores matrimoniales en línea*, por lo que es más fácil que nunca entrenarse y certificarse como pareja de mentores de matrimonio. Hasta la fecha, hemos capacitado a un cuarto de millón de parejas.

No pasa un día que no sepamos de una pareja de mentores matrimoniales en alguna parte. E inevitablemente dicen lo mismo: «Creo que nosotros sacamos mucho más provecho de esa experiencia que la pareja a la que estamos asesorando». Es tan común que lo llamamos efecto bumerán. «Nunca se nos ocurrió que ser mentores de otra pareja nos haría sentir tan bien», dijeron David y Tammy. «Algo sobre trabajar en equipo para ayudar a otra pareja nos acercó a nosotros».

> Busca hacer el bien, y encontrarás que la felicidad correrá detrás de ti.
>
> *James Freeman Clarke*

Ahora, no tienes que ser un maestro para enseñar. No es necesario tener un doctorado o ser un erudito. Si tienes un matrimonio sólido y estás dispuesto a permitir que otra pareja aprenda de tus experiencias, estás en una posición privilegiada para convertirte en mentor matrimonial. ¿Qué implica eso? Un poco de entrenamiento y estarás en camino a conocer a diferentes parejas.

La tutoría matrimonial se aplica a cada etapa y fase de la vida conyugal. Tú podrías estar en posición de ser mentor de parejas comprometidas, recién casados o de una pareja a punto de tener su primer bebé, una pareja en apuros, una pareja criando adolescentes o a punto de tener la casa vacía. Los mentores matrimoniales levantan y guían a las parejas en etapas cruciales.

Por cierto, hay muchas parejas que están pidiendo a gritos este tipo de asesoría. En una encuesta reciente, el sesenta y dos por ciento de los encuestados dijo que le gustaría encontrar una pareja de mentores en su iglesia y el noventa y dos por ciento reportó que les gustaría especialmente tener un mentor que les ayude en los tiempos difíciles.

¿Y qué con ustedes dos? ¿Están listos para explorar la idea de convertirse en mentores conyugales? Lo hemos hecho divertido y fácil. Pueden capacitarse en línea a su conveniencia (con solo ocho sesiones de aproximadamente veinte minutos cada una, visiten www.MarriageMentoring.com).

La tutoría matrimonial es quizás la forma más importante y efectiva en que una pareja puede agregar valor a los demás. El efecto bumerán con la experiencia de las parejas mentoras —de bendición y felicidad— es inmensurable.

Considera patrocinar a un niño

Warren Schmidt lleva una vida de desesperada y en silencio. Se jubila de un trabajo en una compañía de seguros, considera el pasado y lo que recuerda es una vida insensata, que lo lleva a una jubilación sin sentido. Eso prepara el escenario para la aclamada película *Las confesiones del señor Schmidt*, protagonizada por Jack Nicholson.

Un día, mientras ve la televisión, Warren ve la oportunidad de donar dinero y escribir cartas a un niño desfavorecido en Tanzania. Warren responde a la petición y, a lo largo de la película, envía fielmente los veintidós dólares al mes; además, escribe unas conmovedoras cartas a un niño llamado *Ndugu*.

En una ocasión, después de un largo viaje por carretera, Warren llega a su hogar, una casa vacía. A regañadientes entra con un montón de correspondencia inservible. Sube las escaleras y mira decepcionado el desordenado estado de su habitación. A lo largo de esa escena, el público escucha al propio Warren narrando la lectura de una carta que compuso recientemente para Ndugu. Así derrama su intenso sentimiento de vacío:

Sé que todos somos muy pequeños en el esquema de las cosas, y creo que lo mejor que puedes esperar es hacer algún tipo de diferencia... ¿Qué diferencia ha hecho mi vida con alguien? Ninguna que pueda recordar. Espero que las cosas te sienten bien.

Atentamente,
Warren Schmidt

Al final de la narración, la depresión en la cara de Warren da paso a un rostro asombrado al mirar una carta cuyo remitente es de Tanzania. Es una carta de una monja que trabaja en el orfanato donde vive Ndugu, de seis años. Ella le dice a Warren que Ndugu piensa en él todos los días y desea que sea feliz. En la misiva hay una foto dibujada por Ndugu para Warren: dos personas que sonríen y se toman de la mano. Warren se recupera al darse cuenta de que finalmente ha hecho la diferencia.

¿Increíble? Pero cierto. Innumerables personas han encontrado un profundo significado y alegría al patrocinar a un niño necesitado. Más de cinco mil millones de dólares por año se canalizan a programas patrocinadores de personas comunes que desean marcar la diferencia. Eso equivale a nueve millones de niños patrocinados en todo el mundo.[6] ¿Funciona? ¿Es efectivo? Bruce Wydick, profesor de economía y estudios internacionales en la Universidad de San Francisco, realizó recientemente una investigación independiente en seis países y halló unos resultados inequívocos: «Podría parecer sin sentido y no mostrar otra cosa que no sean efectos estadísticamente significativos en los resultados educativos que disfrutan los niños que son apadrinados por diversos programas de ayuda». En general, el apadrinamiento hace que los niños tengan entre un veintisiete y un cuarenta por ciento más de probabilidades de terminar sus estudios de escuela secundaria; y entre un cincuenta y un ochenta por ciento más de probabilidades de completar su educación universitaria. Incluso hay un efecto indirecto —y muy positivo— en los hermanos menores no apadrinados de los niños beneficiados.

No sugeriríamos que consideres patrocinar a un niño necesitado si nosotros no lo hiciéramos.

De hecho, comenzamos a hacerlo hace bastante tiempo. En la actualidad tenemos un interés especial en un pequeño llamado Javier en Honduras.

Al igual que Schmidt, nos comunicamos por correo y nos encanta recibir sus fotos.

> La felicidad no es resultado de lo que obtenemos, sino de lo que damos.
>
> *Ben Carson*

Si crees que esto es algo que a los dos les interesaría, puedes obtener más información sobre *World Vision en su sitio web:*

www.leaandleslie.com/worldvision/

Un pensamiento final en cuanto a agregar valor a los demás

Hay una antigua historia sobre una niña que caminaba por un prado cuando vio a una mariposa atravesada por una espina. Ingeniosamente liberó a la mariposa, la cual comenzó a volar.

Luego regresó, convertida en una hermosa hada. «Por tu amabilidad», le dijo a la pequeña, «te concederé tu deseo más anhelado». La niña pensó por un momento y respondió: «Quiero ser feliz». El hada se inclinó hacia ella, susurró algo a su oído y, de repente, desapareció.

A medida que la niña creció, nadie en la tierra era más feliz que ella. Cada vez que alguien le preguntaba por el secreto de su felicidad, solo sonreía y decía: «Escuché a una buena hada».

A medida que envejecía, los vecinos temían que el fabuloso secreto pudiera morir con ella. «Dinos, por favor —le suplicaron—. Dinos lo que te dijo el hada». La encantadora anciana simplemente sonrió y respondió: «¡Me dijo que todos, por muy seguros que parezcan, me necesitan!»

Es verdad. Cuando aceptamos el hecho de que podemos ayudar a todas las personas, especialmente a quien amamos, la vida se vuelve más fácil. Por supuesto, algunos argumentarán que este no es el secreto de la felicidad sino de la miseria. Los que así piensan nunca han experimentado la alegría de ser necesitadas.

Ahora bien, si no estás dispuesto a escuchar el mensaje de un antiguo cuento de hadas, tómalo de la ciencia. El reconocido endocrinólogo, doctor Hans Selye, formó parte de una montaña de investigaciones cuando proclamó que las personas más felices se ganan la gratitud de los que les rodean. Selye reformuló la cita bíblica —«Ama a tu prójimo como a ti mismo»—, y lo convirtió en su propio código personal: «Gana el amor de tu prójimo». En vez de tratar de acumular más dinero o poder, sugirió que adquiriéramos buena voluntad ayudando a los demás. «Acumula actos de buena voluntad», aconsejó el Dr. Selye, «y tu casa será un almacén de felicidad».

Para reflexionar

1. ¿Qué fue lo último que hicieron juntos para agregar valor a los demás? Sé lo más específico que puedas. ¿Qué hiciste por tu relación?

2. De todos los consejos que aparecen en este capítulo para ayudarte —en calidad de cónyuge— a agregar valor a los demás, ¿cuál es el que más te inclinas a probar y cuál es el que menos te llama la atención? ¿Por qué?

3. ¿Te inclinas a explorar la idea de entrenarte para ser mentor de otras parejas? ¿Por qué?

TERCERA PARTE

¡Vamos, sé feliz!

9

Cómo superar los mayores obstáculos para la felicidad en pareja

Cuando una puerta de la felicidad se cierra, otra se abre. Sin embargo, a menudo miramos tanto la puerta cerrada que no vemos la que se nos abrió.

Helen Keller

El departamento de policía de Dallas, Texas, se unió recientemente a un número creciente de agencias que se están deshaciendo de los complicados códigos utilizados en las llamadas o señales de radio. Por consiguiente, los operadores y los oficiales ahora se comunican a través de un sistema de lenguaje sencillo que se basa en palabras y frases comunes.

Por ejemplo, en el pasado un oficial podría haber llamado por radio para decir: «Me estoy acercando a un código 7 en la avenida Highland». Ahora solo dicen: «Me estoy acercando a un accidente menor en Highland».

El cambio se debe en gran parte a los ataques terroristas del 11 de septiembre de 2001. Durante el caos que resultó de los ataques, muchas agencias y oficiales federales tuvieron problemas para comunicarse entre sí porque usaban códigos diferentes para distintas situaciones, o peor aun, códigos similares que tenían diversos significados entre agencias. Como resultado de esa confusión, los funcionarios federales ordenaron que se usara un lenguaje claro cuando la policía y otros agentes federales responden a desastres mayores. Muchos departamentos de policía y bomberos han seguido su ejemplo.

«Es solo sentido común», dijo *Herb Ebsen*, cabo superior de la policía de Dallas. «Si comenzamos a hablar en códigos, tienes la posibilidad real de que surja un problema o que haya una interpretación errónea».[1]

De la misma manera, hemos intentado decodificar la felicidad en este libro. Hemos hecho todo lo posible en los capítulos anteriores para descubrir los impulsores más eficaces para tu felicidad como pareja. Pero en la sección final de este libro nos sentimos obligados a exponer lo que hace que demasiadas parejas pierdan juntos su parte de la felicidad.

Para ser claros, no estamos diciendo que puedas ser feliz siempre.

Eso ni siquiera es un objetivo digno. Como escribió Salomón en Eclesiastés 3: «[Hay] un momento para llorar y un tiempo para reír, un tiempo para llorar y un tiempo para bailar» (Eclesiastés 3:4). Pero la investigación revela que cuando es tiempo de reír y bailar, de ser felices, muchos de nosotros no lo somos ¿Por qué?

Para empezar, porque los seres humanos nos aferramos a una serie de ideas erradas sobre lo que nos hará felices. Por ejemplo, como vimos en la primera parte, creemos que tener más dinero nos hará más felices. ¿No es así?

Parafraseemos un versículo del Nuevo Testamento: «El amor al dinero es la raíz de un matrimonio infeliz». Las investigaciones han revelado que las parejas que depositan su felicidad en las finanzas a menudo tienen matrimonios miserables. Después de entrevistar a más de mil setecientas parejas, el estudio concluyó que «aquellos que obtienen mucha felicidad del dinero y las posesiones no hacen felices a sus cónyuges». El descontento y la ingratitud en torno al dinero están vinculados a una «comunicación menos efectiva, niveles más altos de conflicto negativo, menor satisfacción con las relaciones y menos estabilidad conyugal».[2] El materialismo y el matrimonio no son buenos compañeros de cama.

> Las personas son tan felices como deciden serlo.
>
> *Abraham Lincoln*

Sin embargo, la razón principal por la que no encontramos la felicidad o el gozo permanente es porque estamos persiguiendo la felicidad por sí misma. ¿Recuerdas la *paradoja hedonista* de nuestro primer capítulo? Cuando uno apunta únicamente hacia el placer en sí mismo, el objetivo se ve frustrado continuamente. Es lo que Aldous Huxley estaba diciendo cuando afirmó: «La felicidad no se logra mediante la búsqueda consciente de la misma; generalmente es el resultado de otras actividades». Y es a lo que se refería Ashley Montagu cuando dijo: «Los momentos de felicidad que disfrutamos nos toman por sorpresa. No es que los atrapemos, sino que ellos nos atrapan».

Sin lugar a dudas: buscar un estilo de vida que se sienta bien a expensas de una vida basada en valores, es el camino a la ruina. Analizar solo la felicidad puede ser una tontería. Pero suponiendo que evites esta desventura emocional, todavía no estás necesariamente limpio. Estás obligado a encontrar algunos riesgos.

Por tanto, en este capítulo vamos a decirlo directamente. Vamos a exponer los obstáculos que pueden robarte la felicidad, si los dejas.

Los peligros de hacernos felices

Todos los golfistas saben que los mejores campos de golf del mundo están ingeniosamente diseñados con fosos (llamados búnkeres) y obstáculos que hacen que cada hoyo sea más desafiante, más interesante. Es por eso que un golfista experto supervisa el recorrido y toma nota de dónde es probable que tenga problemas, prestando especial atención a esos peligros.

Lo mismo ocurre con todos nosotros. Lo hacemos mejor en la vida y el matrimonio cuando analizamos nuestro viaje por adelantado y tomamos nota de los potenciales riesgos que pueden presentarse ante nuestra felicidad. Aquí enumeraremos cinco que debemos vigilar.

La comparación con los demás

«¿Viste el lujoso auto nuevo de Rick y Sandy?» «¿Viste las fotos de las vacaciones de Dan y Ángela en Facebook?» «¿Te enteraste del poema que Ryan le escribió a su esposa en su aniversario?»

Preguntas sencillas como estas son todo lo que se necesita para desencadenar el peligro de la comparación social. Esto es muy tentador, ¿o no? Nos comparamos compulsivamente cómo lo estamos haciendo con respecto a quienes nos rodean. E inevitablemente, algunas personas lo hacen mejor que nosotros. ¿Entonces qué? Somos como la mayoría de las personas que se sienten insatisfechos, descontentos o infelices.

Los investigadores llaman a eso la *espiral envidiosa*. Es lo que sucede cuando nos comparamos desfavorablemente con nuestros pares. Y están descubriendo que Facebook es un contribuyente importante. La escuela de negocios de la Universidad de Edimburgo, publicó un informe que dice que mientras más círculos sociales tengas en Facebook, más estresado estarás. El estudio concluyó: «En efecto, el acceso a noticias positivas copiosas y los perfiles de 'amigos' aparentemente exitosos promueve la comparación social que fácilmente puede provocar envidia y descontento».[3]

Una encuesta de la revista *Time* encontró que el sesenta por ciento de los encuestados dijo que después de pasar tiempo en las redes sociales no se sentían bien consigo mismos y el setenta y seis por ciento cree que otras personas se ven más felices en su página de Facebook que lo que realmente son. Otro estudio encontró que cuánto más motivada es una compra por impresionar a otras personas, menor es el impulso de la felicidad que se le otorga.[4]

> Todo el mundo quiere vivir en la cima de la montaña, pero todo el crecimiento y la felicidad ocurren mientras estás escalando.
>
> *Andy Rooney*

La razón por la que compararnos con los demás estropea nuestra felicidad es simple: de inmediato nos volvemos ingratos. Los celos niegan la gratitud. Entonces, ¿cómo puedes cambiar este tipo de comparación negativa? Para empezar, puedes dejar de buscar comparaciones desfavorables. A menudo esto no es suficiente para dejar de hacerlo. Tenemos que sustituir nuestra comparación negativa por una positiva.

En otras palabras, debemos considerar a las personas que no están tan bien como nosotros. El instante en que te das cuenta de lo bendecido que eres en comparación con otros (ya sea con la salud, la riqueza o la familia) es el mismo en que tu coeficiente de gratitud aumenta y la insatisfacción se disipa.

Y si quieres multiplicar tu emoción positiva, comunícate con quienes no lo están haciendo tan bien como tú y asegúrate de protegerte de las comparaciones negativas.

Ah, y una cosa más. Si a veces eres culpable del impulso de mirarme a mí (en Facebook o de otro modo), esta es tu prueba de fuego: ¿Seguirías participando de esta experiencia o comprarías lo que estás adquiriendo si no le cuentas a nadie al respecto?

Aferrarse al orgullo

The Wall Street Journal publicó una lista de sus mejores columnas en cuanto a temas relacionales a partir de 2012 y *Guía del divorcio para el matrimonio* la encabezó. El artículo se basaba en una premisa simple: si quieres un gran matrimonio, habla con una persona divorciada sobre lo que salió mal en el suyo. El artículo decía: «Las investigaciones muestran que la mayoría de las personas divorciadas identifican los mismos remordimientos o comportamientos que creen que contribuyeron a la desaparición de su matrimonio y que deciden cambiar la próxima vez». Un investigador dijo: «Las personas divorciadas que dan un paso atrás y dicen: "Esto es lo que hice mal y esto es lo que cambiaré", tienen algo poderoso que enseñar a los demás».

¿Cuál fue la lección número uno que aprendieron las personas divorciadas? El cuarenta y uno por ciento dijo que se comunicarían de manera diferente. Es decir, aprenderían a discutir de una manera que conduzca a una solución, y no solo a más enojo y conflicto. En resumen, dejarían su orgullo y se acercarían a su pareja con más humildad lo mejor que pudieran.

La Biblia lo aclara: «El orgullo lleva al conflicto» (Proverbios 13:10). El espíritu orgulloso evita que las parejas se ayuden, se esfuercen, se respeten, se comprometan y resuelvan sus conflictos. Al contrario, promueve un espíritu defensivo y la discordia. Se interpone en el camino para impedir que se diga «lo siento». El orgullo egocéntrico seguramente robará la felicidad a cualquier matrimonio.

Las investigaciones han demostrado que cuando el orgullo se establece, uno de los cónyuges continuará una discusión el treinta y cuatro por ciento de las veces, incluso sabiendo que está equivocado, o simplemente no puede recordar de qué se trató la pelea. Y un setenta y cuatro por ciento luchará incluso si sienten que «es una batalla perdida».[5] ¿No es de extrañar que el orgullo sea un saboteador de la felicidad?

> Muchas personas pierden parte de su felicidad, no porque nunca la hayan encontrado, sino porque no se detuvieron a disfrutarla.
>
> *William Feather*

El orgullo tiene una forma de infiltrarse de modo sigiloso en las grietas de nuestras conversaciones, incluso cuando estamos conscientemente inclinados a evitarlo. Eso es lo que lo hace tan tóxico y tortuoso. «A través del orgullo nos engañamos a nosotros mismos», dijo Carl Jung. «Pero en el fondo de la conciencia, una voz suave y pequeña nos dice: Algo no está en sintonía».

Cuando eso pasa uno tiene la sensación de estar desentonado. Todos lo hemos experimentado. Eso nace de la tensión entre ser el tipo de persona que queremos ser y nuestro miedo a ser burlados. No queremos ser orgullosos, pero tampoco queremos ser engañados. Eso es lo que provoca el orgullo. Y es entonces cuando nos damos cuenta, muy en el fondo, de que hemos tomado el camino más bajo. Y la mayoría de las veces, esa sensación de hundimiento se vuelve demasiado difícil de admitir por nosotros, y mucho menos para nuestro cónyuge, por lo que perpetuamos nuestro orgullo.

El antídoto contra el orgullo no saludable es, por supuesto, *la humildad*. Y la palabra de la que recibimos *humildad* literalmente significa *«de la tierra»*. En otras palabras, la humildad se despoja de su caballo para ser común y humilde. La humildad no es para cobardes. Es arriesgada. La humildad nos hace vulnerables a ser tocados o hechos pasar por tontos. Pero también hace posible todo lo demás que realmente queremos ser. William Gurnall dijo: «La humildad es el velo necesario para todas las demás gracias». Sin humildad, es casi imposible engendrar amabilidad y calidez con nuestro cónyuge. Sin humildad es imposible encontrar la felicidad en el matrimonio.

La obsesión con el pasado

Tu presente está intrínsecamente vinculado a tu pasado. Si te agobia el remordimiento, el dolor y la culpa por las cosas que sucedieron hace dos décadas o dos horas, no podrás vivir plenamente en el presente. Mientras estés mirando constantemente por encima de tu hombro, te sentirás incompleto. Te sentirás distraído. Te sentirás medio muerto. Tu pasado se filtrará en tu presente contaminando casi todos tus pensamientos, sentimientos y acciones. Y la atención que le das a tu pasado hará que distraigas el curso de tu matrimonio.

Esta no es nuestra opinión. Es un hecho. Los asuntos pendientes adquieren vida propia porque el cerebro recuerda tareas incompletas o fallas más prolongadas que cualquier éxito o actividad completada. Técnicamente se lo conoce como el efecto *Zeigarnik*.[6] Cuando se completa un proyecto o un pensamiento, el cerebro lo guarda como un recuerdo especial. El cerebro ya no da prioridad al proyecto ni condición de activo, por lo que los pedazos de la situación alcanzada comienzan a desmoronarse. Pero los remordimientos no tienen cierre. El cerebro continúa girando la memoria, tratando de encontrar maneras de arreglar el desorden y moverlo de un estado activo a uno inactivo. Pero no se puede lograr sin nuestra ayuda deliberada.

Por tanto, si tu dolor o tus remordimientos del pasado están saboteando tu felicidad en el presente, comienza centrándote en dónde duele. Esto incluye superar los celos de las relaciones pasadas de tu pareja, la irritación por cómo lo trata tu suegra, algún evento de tu infancia que hace que sea difícil para

> Estoy cada vez más convencido de que nuestra felicidad depende más del modo en que nos encontramos con los eventos en nuestras vidas, que en los eventos mismos.
>
> *Alexander Humboldt*

ti confiar en los demás, una disputa que tuviste con tu cónyuge hace seis meses.

Sanar tus heridas, particularmente si son profundas, quizás cerrarán muchas puertas abiertas en tu pasado. Ten en cuenta, sin embargo, que sanar tus heridas es un proceso de autoexploración. Puede ser doloroso. El crecimiento personal casi siempre lo es. También puedes sentirte solo. Este es un trabajo que debes hacer por tu cuenta. Tu cónyuge puede ser de apoyo, pero no puede hacer el trabajo por ti. Pero no importa cuán doloroso y solitario sea el proceso, vale la pena el precio a pagar.

La fijación con el futuro

Cuando los dos estábamos trabajando en nuestros doctorados, conseguí una pequeña nota que enmarqué y coloqué en la pared del lugar donde estudiamos y pasábamos la mayor parte del tiempo. Decía: «Algunas personas pasan toda su vida preparándose para vivir de manera indefinida». Esta oración nos instaba a no dejar de vivir mientras trabajábamos tanto para obtener nuestros títulos. Después de todo, es tentador decir cosas como: «Una vez que nos graduemos, comenzaremos a divertirnos» o «Una vez que tengamos una casa, realmente podremos comenzar a vivir» o «Una vez que obtengamos ese trabajo, podremos tranquilizarnos».

Esa mentalidad de poner la vida en espera es tentadora para las personas que tienen objetivos muy bien orientados. Y es muy tentador para los soñadores que piensan en sus objetivos, pero nunca los logran. En ambos casos, tu felicidad espera en el futuro. De cualquier manera, esa mentalidad de futuro puede afectar la felicidad. Así que, si estás demasiado ocupado haciendo planes para el futuro para vivir más plenamente en el presente, ten cuidado. La vida está aquí y ahora, no allá y después.

Tal vez hayas escuchado este pequeño poema. Enfoca un punto muy sencillo pero profundo:

Al amanecer él apilaba las cartas que escribiría...
mañana.
Y pensaba en la gente que llenaría de alegría...
mañana.
Era una lástima; de hecho, estaba muy ocupado hoy,
Y no tenía un minuto para detenerse en el camino;
Tendría que darles más tiempo a los demás pero, dijo:
Mañana.
Este hombre hubiera sido el más grande de los
trabajadores... mañana.
El mundo lo hubiera conocido, si alguna vez hubiera
visto el... mañana.
Pero el hecho es que murió y se perdió de vista,
Y todo lo que dejó aquí cuando vivió
Fue una montaña de cosas que tenía la intención de
hacer... mañana.[7]

¿Temerías terminar como el hombre del poema, que murió mientras esperaba el futuro? ¿Sientes como que estás esperando que comience tu vida? No te pases la vida preparándote para vivir. Haz tu mejor esfuerzo para vivir hoy. Ahora es el momento. La felicidad no necesita que la pongas en un compás de espera.

Ceder al «Síndrome de la medalla de plata»

Si eres fanático de los Juegos Olímpicos, sabes que los atletas enfocan toda su vida en ser los mejores, los primeros. Su disciplina es legendaria. Mantienen un régimen estricto de ejercicios, como si su vida dependiera de ello. Reestructuran su régimen alimenticio para incluir una mezcla perfecta de proteínas, fibras, carbohidratos complejos y nutrientes. ¿Para qué? Para ganar una medalla. De eso es que se trata: de ganar una medalla. Es la meta de todos los atletas olímpicos.

Sin embargo, no todas las medallas se disfrutan igual. Los investigadores analizaron la felicidad de los ganadores de medallas de oro, plata y bronce. ¿El más feliz? No es una sorpresa. Los ganadores del oro, por supuesto. Pero el próximo resultado puede sorprenderte. Puedes pensar que los medallistas de plata fueron los siguientes en la escala de la felicidad. No, no fueron ellos. En realidad, fueron los ganadores de bronce, que se sentían más felices que los medallistas de plata.

Los medallistas de plata piensan: *Estuve muy cerca de ganar el oro*. Los medallistas de bronce piensan: *Estuve a punto de no ganar la medalla, estoy agradecido por estar en el podio*. Uno reflexiona sobre lo que tiene, el otro reflexiona sobre lo que no tiene. El atleta del tercer lugar es más feliz que el del segundo lugar. Los medallistas de bronce incluso sonríen más que los ganadores de plata en el podio durante la ceremonia de premiación.[8]

Eso se conoce como el *Síndrome de la medalla de plata*[9] y, por desgracia, a veces sufrimos de ello. Sucede cada vez que reflexionamos sobre cómo algo podría haber sali-

> Debo aprender a contentarme con ser más feliz de lo que merezco.
>
> *Jane Austen*

do mejor. Practicamos el juego «si solo»: «Si hubiésemos invertido en ese negocio». «Si no nos hubiéramos mudado aquí». «Si solo fueras más romántico». Es tentador querer más en vez de ser agradecidos por lo que tenemos. Y cada vez que nos centramos en lo que no tenemos más que en lo que hacemos, la felicidad disminuye.

Ahí están, cinco peligros que vale la pena tomar en cuenta mientras haces tu mejor esfuerzo por ser felices juntos:

(1) La comparación con los demás, (2) aferrarse al orgullo, (3) la obsesión con el pasado, (4) la fijación con el futuro, y (5) ceder al síndrome de la medalla de plata.

Sin embargo, antes de finalizar este capítulo, tenemos una sugerencia más.

El mejor vaticinador de un matrimonio feliz

Daniel Gilbert, profesor de psicología de Harvard, después de revisar un índice de bienestar colectivo, afirmó que «los estadounidenses sonríen menos y se preocupan más... la felicidad está baja y la tristeza está arriba... y la depresión va en aumento». ¿Por qué? Lo resumió en una sola palabra: *incertidumbre*. Es uno de los grandes peligros para la felicidad. Cuando uno no sabe lo que va a suceder, es difícil estar contento. Ya sea la incertidumbre con el empleo, la economía, el conflicto internacional o cuestiones sociales y políticas, ella genera insatisfacción.

Un par de estudios destacan el punto, según el profesor Gilbert. En un experimento holandés, a algunos sujetos se les dijo que serían intensamente conmocionados veinte veces a intervalos regulares. Los investigadores le dijeron a un segundo grupo que recibirían tres golpes fuertes y diecisiete leves, pero que no sabrían cuándo ocurrirían los golpes intensos. ¿Los resultados? Los sujetos del segundo grupo sudaban más y experimentaban ritmos cardíacos más rápidos. La incertidumbre causó incomodidad; no sabían cuándo vendrían los choques.

Otro estudio mostró que los pacientes de colostomía conscientes de que sus problemas serían permanentes eran más felices seis meses después de los procedimientos que aquellos a quienes se les dijo que podría haber una posibilidad de revertirles sus colostomías. Una vez más, la incertidumbre causó la infelicidad.

Daniel Gilbert resumió: «Un futuro incierto nos deja varados en un presente infeliz sin nada que hacer más que esperar».[10] La ansiedad de esperar un futuro indefinido no puede evitar los obstáculos a la felicidad, sobre todo en el matrimonio. Es por eso que lo más importante que cualquier pareja puede hacer para garantizar la felicidad en conjunto es construir una relación sólida como una roca. Cuando tienes amor, puedes contar con un amor perdurable: eso alivia la ansiedad de todas las demás incertidumbres.

Lo más probable es que hayas leído en numerosas ocasiones 1 Corintios 13. Se cita en innumerables bodas. De hecho, es el pasaje más citado de las Escrituras en todo el mundo. Se le conoce como *El capítulo del amor*, porque revela el amor ideal que todo el mundo anhela.

> La actividad de la felicidad debe ocupar toda una vida; una sola golondrina no hace un verano.
>
> *Aristóteles*

No obstante hay algo importante sobre estas palabras, la forma en que están escritas nos dice que deben ser no solo admiradas sino también vividas. Estas palabras son un medio para una forma de vida más excelente.

Si bien el pasaje traza un perfil de amor ideal, se dice que es simplemente una mística huida de la fantasía. Pablo, el escritor de estas palabras, seguramente se inspiró cuando las escribió. El amor es paciente. El amor es amable. No es celoso, no se enoja rápidamente. Estas son cualidades que la gente común puede cultivar para construir relaciones extraordinarias.

Y cuando cualquier traductor de la Biblia se acerca al final del poema de amor de Pablo, debe sentir la gravedad de la cualidad final: el amor perdura. Ten en cuenta que el amor no simplemente sobrevive, por noble que pueda ser a veces. Pablo piensa en más que esperar. Perdurar no es un acto pasivo. Requiere coraje para conquistar lo que sea que nos impida avanzar. Requiere fuerza. La palabra *perdurar*, de hecho, es de origen irlandés y literalmente significa *«madera de roble»*, una de las maderas más fuertes y duraderas.

Así es como J. B. Phillips lo tradujo: «El amor no conoce límites a su persistencia, ni a su confianza, ni a la pérdida de su esperanza; puede durar más que cualquier cosa. De hecho, es la única cosa que permanece cuando todo lo demás ha caído».

Es apropiado que la lista de las cualidades del amor de Pablo concluya con perseverancia. Porque solo después de haber trabajado para cultivar la paciencia, la bondad, la esperanza y todo

> Un matrimonio feliz es
> la unión de dos buenos
> perdonadores.
>
> *Ruth Bell Graham*

lo demás, reconocemos verdaderamente la sabiduría que radica en el poder del amor para soportarla.

Pregúntale a cualquier pareja que haya estado felizmente casada durante cincuenta años si su vida amorosa fue un juego de niños. Será difícil encontrar uno que lo diga. Claro, muchas parejas experimentadas centran sus recuerdos en el lado positivo, pero cada pareja de toda la vida puede reflexionar en las décadas que han pasado juntos soportando los tiempos difíciles. Puedes estar seguro de eso. Son felices no por sus circunstancias sino a pesar de ellas. Y puedes estar seguro de otra cosa: perseveraron, no por limitaciones legales o sociales, sino porque el amor perdura hasta el final.

Y eso, esa certeza de amor, hace toda la diferencia a la hora de encontrar la felicidad juntos.

Para reflexionar

1. ¿Alguna vez sientes que puedes estar perdiendo la alegría de la felicidad porque estás muy concentrado en seguirla? Si es así, ¿cuándo y de qué manera te ocurre eso?

2. De los cinco riesgos potenciales de la felicidad que se cubren en este capítulo, ¿cuál es más probable que te haga tropezar? ¿Cómo? ¿Por qué?

3. ¿Estás de acuerdo en que un matrimonio sólido como una roca, un amor que perdura, una relación con la que puedas contar, ayudan en gran medida a calmar la ansiedad que proviene de tantas incertidumbres de la vida? ¿Qué ejemplo se te ocurre?

10

Tu plan para la felicidad en tres semanas

Es posible que la acción no siempre traiga felicidad, pero no hay felicidad sin acción.

William James

A unas tres cuadras de nuestra casa en el centro de Seattle se encuentra la tienda principal de Recreational Equipment, Inc., comúnmente conocida como REI. Adentro tiene una pared para escalar de tres pisos, justo al frente de sus puertas de entrada, donde los clientes hacen cola para probar su equipo de escalar. La estructura ha cautivado a nuestros dos hijos desde que eran niños pequeños. Y, no, nosotros no hemos considerado la posibilidad de escalar.

Sin embargo, hace poco tiempo conocimos a Jim Whittaker, un exejecutivo de REI y el primer estadounidense en alcanzar la cumbre del Monte Everest. Fuimos invitados a una charla que estaba dando sobre su ascenso histórico, relatando el día en que llegó a la cumbre y plantó una bandera estadounidense en la cima de la montaña más alta del mundo. Hubo un mensaje de su charla que nos cautivó, él dijo: Escalar el Monte Everest requiere un gran tiempo de preparación. Se necesita un plan bien delineado. Para empezar, necesitas equipos especiales. Que incluyen por lo menos tres pares de botas: botas de escalada de plástico doble, botines completamente térmicos y botas ligeras para caminar. Calcetines. Calcetines de lana, calcetines sintéticos. Y eso es solo para empezar. Hay arneses de escalada, palos especiales para escalar, piquetas de hielo y mucho más. El problema es la comida y el agua. Las predicciones meteorológicas deben ser estudiadas muy bien. Y ni siquiera hemos tenido acceso a toda la preparación física que el cuerpo necesita antes de poner un pie en la montaña.

> La felicidad es una elección
> que a veces requiere esfuerzo.
>
> *Esquilo*

Tú entiendes. Una gran aventura como escalar el Everest requiere una buena planificación. Por dicha, lograr un mayor nivel de felicidad en tu matrimonio no requerirá que compres un equipo especializado. No exigirá entrenamiento físico, ni una dieta estricta. Así que relájate. El plan que queremos ayudarte a desarrollar en este capítulo no produce dolor. Eso no quiere decir que no exija esfuerzo de tu parte, pero se puede hacer. Terminarás este capítulo con un plan personalizado y concreto para infundir en tu matrimonio una alegría más profunda y más felicidad. Así que desengancha tus argollas y levanta los pies. Esto va a ser más fácil de lo que piensas.

Tu pastel de la felicidad: un recordatorio rápido

Como estudiamos al inicio de este libro, el cincuenta por ciento de nuestra felicidad está determinada por el punto de ajuste biológico y el diez por ciento por las circunstancias. Es el cuarenta por ciento del pastel de la felicidad lo que está completamente bajo nuestro control.[1] Eso lo determinan nuestras elecciones y no tiene nada que ver con nuestra genética ni con las circunstancias. Las personas felices literalmente lo son si lo deciden. Ellos son intencionados. Toman decisiones inteligentes que mejoran su bienestar en conjunto. Y eso es exactamente lo que tu plan para la felicidad en tres semanas te ayudará a hacer.

Como lo prometimos desde el principio, tu plan para la felicidad no costará más dinero. Y no consumirá cantidades de tiempo excesivas. El plan es increíblemente factible y garantiza que te ayuda a vivir a un nivel de felicidad que supera tu punto de referencia natural.

¿Realmente funciona este plan?

Es posible que te preguntes cómo sabemos que un plan como este realmente puede dar buenos resultados. Bien, entrenar tu cerebro para que sea más optimista y para que tu relación sea más positiva no difiere mucho de entrenar tus músculos en el gimnasio. Investigaciones recientes sobre la *neuroplasticidad —la capacidad del cerebro para cambiar incluso en la adultez—* revelan que, a medida que desarrolles nuevos hábitos, los enlaces químicos de tu cerebro se renuevan.[2] Así que, si te estás preguntando si un simple plan para la felicidad realmente puede funcionar, la respuesta es sí. Considera un plan para la felicidad que el distinguido profesor de Harvard Shawn Achor, le dio a un grupo de gerentes arancelarios en Nueva York, para ver si podía ayudarles a ser más felices durante su atareada temporada de declaración de impuestos, una época del año en la que eran menos felices.[3] Simplemente les hizo hacer una de las cinco actividades que se correlacionan con un cambio positivo todos los días durante tres semanas.

Varios días después de la conclusión del entrenamiento, evaluó tanto a los participantes como a un grupo de control para determinar su sensación general de bienestar.

En cada medida, los puntajes del grupo experimental fueron significativamente más altos que los del grupo de control. Cuando volvió a evaluar a los dos grupos, cuatro meses después, el grupo experimental todavía mostraba puntuaciones significativamente más altas en cuanto a satisfacción con la vida. De hecho, el puntaje de los participantes en la escala de satisfacción con la vida —medida ampliamente aceptada como uno de los mayores indicadores de productividad y felicidad en el trabajo— pasó de 22.96 en una escala de treinta y cinco puntos antes del entrenamiento a 27.23 cuatro meses después, lo que reflejaba un aumento significante.

> Reglas para la felicidad: algo que hacer, alguien a quien amar, algo que esperar.
>
> *Immanuel Kant*

Solo un ejercicio rápido al día mantuvo a esos trabajadores arancelarios más contentos por meses después de que el programa de capacitación había terminado. La felicidad se había vuelto un hábito.

Lo mismo sucederá con ustedes dos cuando pongan en marcha un plan que requiera una sola acción diaria durante veintiún días.

Sácale el máximo provecho a tu plan para la felicidad

Tenemos una excelente herramienta para ayudarte a poner en práctica tu plan para la felicidad: es mucho más sólido que lo que podemos hacer en un libro. Incluye:
• mensajes de video nuestros para ti
• citas diarias inspiradoras
• una hoja de recordatorios para ayudarte a tener éxito
• un folleto que puedes imprimir y personalizar para tu plan.
Lo encontrarás todo en www.MakingHappyBook.com

Tu plan para la felicidad de veintiún días

A continuación, te brindamos una descripción general del plan que encontrarás en un formato más sólido y fácil de usar en nuestro sitio web. Pero en caso de que no tengas acceso en línea, queremos proporcionártelo aquí. De hecho, es posible que desees examinar todo el plan antes de comenzar con el primer día. Pero una vez que estés listo, te sugerimos que lo hagas con todas tus fuerzas. No lo trates como una lista de compras. El valor viene al darle un extra más allá de tu nivel de comodidad en varios puntos. Eso significa que debes hacer algunas cosas en las que no conseguirás apoyo de inmediato. Así que, cuando estés listo, haz un compromiso contigo mismo, con los demás y con el plan de tres semanas.

DÍA 1: INICIA UN DIARIO DE GRATITUD

Siéntete libre de hacerlo a tu gusto, pero te sugerimos que lo hagas junto con tu par. Usa una pequeña libreta que ambos puedan intercambiar. Uno de los dos escriba tres cosas por las cuales está agradecido hoy. Puede ser cualquier cosa, pero sugerimos que una de las tres se vincule a algo específico en su relación o con su cónyuge. Una vez que el primer cónyuge haya anotado tres cosas, agradece porque puedes dejar el cuaderno para que el otro haga lo mismo. Lo usarás de nuevo en tu plan de tres semanas, pero eso es todo por ahora.

Ve el capítulo 3 para un repaso.

DÍA 2: HABLEN SOBRE UN SUEÑO EN COMÚN

Aparten por lo menos veinte minutos en algún momento de este día para hablar sobre su futuro. Lo ideal es que lo hagan sin distracciones (apaguen los teléfonos si pueden). Imagínense unos años más adelante con la mayor cantidad de detalles posible. Consideren los diversos incrementos de tiempo. Por ejemplo, ¿cómo se ven a sí mismos y a su relación en un año, en cinco años, en diez y así sucesivamente? ¿Qué objetivos habrán logrado? ¿Qué preocupaciones conquistaron? ¿Qué imágenes mentales pueden energizar el futuro de ambos? Tengan cuidado: las conversaciones acerca de cosas que soñamos suelen comenzar tranquilas y pueden acalorarse a medida que avanzan. Además, observa el día 5 y comienza a hacer planes hoy.

Ve el capítulo 5 para un repaso.

DÍA 3: ÚNAN SUS ESPÍRITUS CON UNA MEDITACIÓN SIGNIFICATIVA

Comiencen o terminen el día con la lectura de un devocional o una meditación que puedan compartir. Hay innumerables lugares para encontrar algo así para leer juntos. Si lo desean, pueden utilizar nuestro devocional semanal en línea *Pareja a pareja*, que aparece en www.lesandleslie.com/devotions. Tomará menos de diez minutos leer un poco, meditar y discutir sobre el tema. Asegúrense de enfocarse en estar completamente presentes en esta breve experiencia. Si solo lo haces para «cumplir con tu lista», estás perdiendo el tiempo. Pon tu corazón en ello y pronto verás por qué esto puede ser tan valioso para tu relación.

Ve el capítulo 7 para un repaso.

DÍA 4: HAZ UNA LISTA DE CINCUENTA ACTOS CLAVE QUE PUEDAN COMPARTIR JUNTOS

Más adelante en tu plan para la felicidad en tres semanas estarás haciendo algunos actos bondadosos que pueden compartir juntos. Pero hoy simplemente te pedimos que formules tu lista de posibilidades. Créenos, esto al principio será un reto. ¿Por qué? Porque queremos que enumeres cincuenta acciones específicas que puedas hacer con tu par y que muestran un acto bondadoso nuevo y especial más allá de tu relación. Decimos «nuevo y especial» porque ya estás haciendo actos bondadosos aun cuando no piensas mucho en ello. Esta lista está dedicada a nuevas acciones, grandes y pequeñas.

Ve el capítulo 8 para una actualización.

DÍA 5: HAZ UNA CITA INESPERADA

¿Recuerdas haber leído sobre el poder de hacer algo novedoso en una cita juntos y cómo puede eso revivir la pasión y la conexión en tu relación? Bueno, esta es la noche. Te lo sugerimos hace unos días, así que espero que tengas algo reservado —que nunca hayas hecho— para esta noche. Ya sea conducir una vagoneta o recoger cerezas o tomar una clase de cocina junto con tu pareja, el punto es hacer que tu experiencia compartida sea novedosa. Esa es la clave. Una cena y una película no serán suficientes para esta fecha.

Por cierto, harás uno más antes de que finalice tu plan de tres semanas, por lo que es posible que desees tomar cada una de las noches de la cita y sorprender a tu par con lo que estás haciendo. De cualquier manera, ¡diviértete!

Ve el capítulo 4 para un repaso.

DÍA 6: HAGAN EL SERVICIO SECRETO COMPARTIDO

Bueno. Anteayer hiciste una larga lista de cosas que podían hacer juntos para mostrar bondad a los demás. Revisen esa lista hoy y seleccionen un elemento de la lista que los dos puedan hacer para ayudar a otra persona, y háganlo hoy en secreto. Es decir, no le digan a nadie más lo que están haciendo o lo que han hecho. Si es posible, hagan el acto bondadoso sin que el destinatario sepa que fueron ustedes. El objetivo es hacer de este acto bondadoso algo que solo ustedes dos sepan. Así que sean astutos con su servicio.

Ve el capítulo 8 para una actualización.

DÍA 7: INTERCAMBIEN SU DIARIO DE GRATITUD

Siete días atrás, cada uno anotó tres cosas específicas por las que estaba agradecido. Es hora de hacer esto de nuevo. Pero esta vez asegúrate de hacer al menos una nota de otra persona o pareja que te haya inspirado o ayudado en tu matrimonio. Podría ser un miembro de la familia, un ministro, un amigo o incluso un consejero. Cada uno puede hacer esto por su cuenta si lo desea y luego compartir y analizar lo que escribió más tarde en el día.

Ve el capítulo 3 para un repaso.

DÍA 8: HAGAN UNA LISTA DE COSAS QUE DESEAN

Hoy vas a intercambiar ideas sobre todas las cosas que te gustaría lograr o experimentar en este planeta. Ya sea un lugar que te gustaría visitar, una actividad que te agradaría hacer, o incluso una persona que te gustaría conocer, ponlo en tu lista. Esta es tu oportunidad para enfocarte en lo frívolo, en su mayor parte. Tu lista de deseos no necesita ser profunda ni significativa. Pero hazla extensa y desecha cualquier idea que te parezca cuestionable. Esta es una lista que hará algunas de tus experiencias más memorables. No intentes impresionar a nadie. Haz la lista para los dos. Después de hacerla, guárdala en un lugar donde ambos puedan revisarla continuamente.

Además, es posible que desees anticipar la acción de mañana y comenzar a pensar en ello hoy, en caso de que necesites realizar una planificación avanzada.

Ve el capítulo 5 para un repaso.

DÍA 9: COMIENCEN UN TABLERO DE SUEÑOS

Hace unos días tuviste una conversación acerca de tus sueños. Y más recientemente has hecho una lista de deseos. Hoy los revisarás ambos y los harás más tangibles creando una tabla de sueños. Esto puede sonar extraño, pero escúchanos. La investigación muestra que, si tienes un lugar para recordatorios visibles de tus metas y sueños, es mucho más probable que los concretes. Así que hagan un tablero de sueños juntos. Puedes hacerlo electrónicamente (con una aplicación) o hacerlo a la moda de antes. De cualquier manera, simplemente recopila imágenes y fotos que te recuerden tu sueño. Busca fotos en línea. Corta imágenes de revistas viejas. Donde sea que obtengan sus imágenes, háganlo juntos hoy y hablen sobre las imágenes a medida que están creando su tablero. Colóquenlo donde puedan verlo con regularidad y continuar añadiéndole eventos o cosas que quisieran hacer. Hoy es solo el comienzo, así que no sientas que es un proyecto de un día.

Ve el capítulo 5 para un repaso.

DÍA 10: PLANEA UNA VISITA DE GRATITUD

¿Están listos para esto? Es quizás la acción más desafiante en tu plan de tres semanas, pero probablemente la más gratificante. Dentro de cinco días, vamos a pedirte que visites a otra persona o pareja que haya tenido un significado especial para ambos y te haya ayudado. En preparación para esta reunión, queremos que comiences hoy escribiendo un testimonio de una página que exprese lo que esa persona o pareja ha hecho por ti y lo agradecido que estás por el bien que trajeron a ambos. Toma un tiempo para elaborar una carta especialmente sincera.

Queremos que organices una reunión en persona con el individuo o la pareja si es posible (es mucho más importante que hacerlo por correo electrónico o por teléfono) dentro de cinco días (ve el día 15). Por lo tanto, querrás organizar tus horarios según corresponda. No les digas para qué es la reunión. Simplemente diles que te gustaría una hora de su tiempo y les explicarás cuando lleguen.

Ve el capítulo 3 para un repaso.

DÍA 11: ENFOCA TU AMABILIDAD EN LOS DEMÁS

Tal vez recuerdes que la investigación revela que cuando enfocas varios actos de bondad juntos en un solo día, seguramente obtendrás una elevación emocional significativa. Así que aquí está tu tarea de hoy: cada uno hará su propia lista de cinco cosas por hacer hoy para agregar valor a los demás o simplemente realizar actos bondadosos. Puede que no sean acciones importantes, pero que sean nuevas. Si normalmente les abres la puerta a los extraños en el supermercado, no incluyas esto en tu lista. Los de hoy deben ser nuevos actos bondadosos para ti. Unos pueden ser para amigos o colegas. Otros pueden ser para extraños. La clave es que cada uno de ustedes realice los cinco actos de bondad hoy (por su cuenta) y luego compartan sus experiencias en la noche.

Ve el capítulo 8 para una actualización.

DÍA 12: HAGAN UNA CITA INESPERADA

Bueno. Es hora de otra noche innovadora. Si uno de ustedes estuvo a cargo de la última hace una semana, el otro estará se encargará de esta. Al igual que antes, la clave es la novedad: hacer algo que ustedes dos no hayan hecho antes o al menos no hayan hecho en mucho tiempo. Así que enloquezcan y diviértanse. Ah y miren adelante para la asignación de mañana. Es posible que deseen hacer una planificación anticipada o, por lo menos, anticipar algo.

Ve el capítulo 4 para un repaso.

DÍA 13: HAGAN UNA ENCUENTRO ARDIENTE

Para hoy, esta noche está programado un encuentro romántico y apasionado en tu dormitorio, o tal vez en otro lugar si te gusta. Queremos que estés expectante con lo que va a suceder. Es posible que deseen darse uno al otro un pequeño regalo sexy o tal vez colocar una buena vela para preparar el ambiente y tornarlo más romántico. Y hablando de ambiente, no olvides algo de música. El objetivo es hacer del amor de esta noche algo más que una simple rutina. Va a ser especial. Eso significa que necesitan estar románticos uno con el otro todo el día. Por cierto, si programar este tipo de cosas parece robarte el romance, entonces probablemente no hayas estado casado demasiado tiempo. Cualquier pareja experimentada sabe lo especial y emocionante que es programar una noche ardiente.

Ve el capítulo 4 para un repaso.

DÍA 14: INTERCAMBIEN SU DIARIO DE GRATITUD

Es hora, una vez más, de que cada uno de ustedes tenga en cuenta tres cosas por las que está agradecido hoy. Ha pasado una semana desde que hiciste esto. Así que esta vez queremos que hagan sus tres expresiones de gratitud en su diario específicamente sobre tu pareja. Sé lo más detallado posible. Y, por supuesto, cuando estés listo, deja que tu compañero lea lo que has escrito.

Ve el capítulo 3 para un repaso.

DÍA 15: COMPLETA TU VISITA DE GRATITUD

Bueno. Sabías que este día llegaría y aquí estás. Ambos visitarán a la persona o pareja a quienes les escribieron la carta el día 10. Ya han acordado reunirse con ellos hoy. Así que aquí está el trato: cuando lleguen, expliquen por qué están los dos allí y que han escrito una carta que quieren leerles. Lean su testimonio de gratitud en voz alta. Lean despacio, con expresión y con el contacto visual, permitiendo que la otra persona reaccione sin prisas. Les recomendamos que lean en voz alta diferentes partes de su carta. Eso depende de ustedes. Enfóquense en estar completamente presentes. No se avergüencen. Serán muy honrados por su acción. Y se sentirán tan bien al expresar su más sincera gratitud a alguien que haya agregado valor a su matrimonio. Por supuesto, querrán dejar la carta con ellos, así que asegúrense de tener una copia para ustedes. *Ve el capítulo 3 para un repaso.*

DÍA 16: REVISA TU CONVERSACIÓN Y EL TABLERO DE TUS SUEÑOS

Hace siete días hicieron una tabla de sueños juntos. Tómense unos minutos en algún momento hoy para verlos nuevamente e identificar qué imagen es más emocionante para ustedes. Expliquen por qué. ¿Cuál de ellas creen que puedan realizar lo más pronto posible? ¿Qué pueden hacer hoy para acercarse un paso más a ese sueño? El objetivo de revisar y repasar tus sueños es que adquieras el hábito de hablar sobre ellos con frecuencia. Eso mantiene viva la esperanza. Y la esperanza es esencial para hacer tus sueños realidad. *Ve el capítulo 5 para un repaso.*

DÍA 17: ELIGE UNA CANCIÓN ESPECIAL PARA TU CÓNYUGE

Hoy queremos que cada uno de ustedes toque una canción para el otro. No te preocupes, no tienes que ser músico para eso (pero si lo eres, puedes cantarle a tu pareja). Piensa que es como una de las antiguas dedicaciones que has escuchado en la radio. Pero en este caso es mucho más personal e íntimo. Ahora vas a reproducir la canción para tu compañero (de tu lista de canciones), pero antes de hacerlo, explica por qué seleccionaste esa melodía en particular. Incluso puedes pedirle que te sostenga la mano mientras suena. No necesitas reproducir las canciones una detrás de la otra. Puedes elegir reproducir tu canción para tu pareja cada vez que creas que es el momento adecuado. Podrías tocarla por la mañana. Tu pareja podría tocar tu canción por la noche. Entiendes la idea.

Ve el capítulo 6 para una actualización.

DÍA 18: INICIEN UNA RELACIÓN DE MENTORÍA

Una de las maneras más significativas de agregar valor a los demás como pares es asesorar a una pareja con menos experiencia. Es decir, unirse a ellos y permitirles aprender de tus éxitos y desafíos. ¿Alguna vez has considerado hacer esto por otra pareja? Podrías pensar que suena un poco presuntuoso, pero lo más probable es que haya parejas dentro de tu círculo de influencia a las que les encantaría que invirtieras tiempo en ellos. No necesitas tomar mucho tiempo e incluso puede ser a corto plazo. La tutoría matrimonial ha demostrado ser un impulso de felicidad tan efectivo para las parejas que queremos que lo consideren seriamente hoy.

Ve el capítulo 8 para una actualización.

DÍA 19: PROGRAMEN UNA SALIDA INESPERADA

Aquí estamos en tu tercera noche de cita en este plan para la felicidad en tres semanas. Ya sabes el ejercicio por ahora. Hazlo innovador. Si ya te estás quedando sin ideas, consulta a tus amigos. Busca en la web. Busca descuentos y cupones. Después de experimentar dos citas inesperadas e innovadoras, sabemos que ves el valor de mantenerte actualizado. Así que esta noche queremos dejarte sin ataduras si es necesario. Si esta noche la pasas igual de divertido y disfrutas de una cita más rutinaria, adelante. No hay nada malo con la cena y una película. Y una cita nocturna siempre es algo bueno. Pero si tienes la energía, aún te recomendamos que la mantengas fresca.

Ve el capítulo 4 para un repaso.

DÍA 20: AYUDEN A UN NIÑO NECESITADO

Pocas cosas le darán más impulso a tu relación que apadrinar a un niño que pueda beneficiarse con tu ayuda. Puede ser un niño en un refugio de tu localidad a quien nunca conociste o un niño que conozcas en la iglesia o en otro lugar. Pero hoy queremos ayudar a un niño necesitado. Si tienes dificultades para identificar a un niño necesitado, llama a un refugio local o a la iglesia. Seguramente sabrán cómo guiarte. Y quizás quieras considerar patrocinar a un niño necesitado en otro país a través de una organización como *World Vision*. Lo hacen fácil y significativo. Y como dicen los anuncios, cambiar la vida de un niño para siempre cuesta menos que una taza de café al día. Independientemente de lo que hagan, dediquen este día a mejorar la vida de un niño juntos.

Ve el capítulo 8 para una actualización.

DÍA 21: OREN POR ESTO Y SIGAN ADELANTE

En este último día de tu plan para la felicidad en tres semanas, sugerimos que simplemente hagan una oración de acción de gracias juntos. Ya sea que oren en voz alta, o escriban sus oraciones, o simplemente oren en silencio, dando gracias a Dios. Antes de hacer eso, sin embargo, también recomendamos que cuenten sus últimos veinte días y compartan los momentos más importantes. ¿Cómo evaluarías la felicidad con lo que han hecho juntos? ¿Puedes ver un aumento notable en el bienestar y la alegría de los dos? ¿Qué se destaca en ti? ¿Qué te gustaría seguir haciendo juntos y cómo puedes hacerlo una rutina? Después de dedicar unos minutos a la discusión, simplemente hagan una oración de acción de gracias y pídanle a Dios que dirija sus siguientes pasos a medida que avancen.

Ve el capítulo 7 para un repaso.

Para reflexionar

1. Al revisar la lista de impulsores de la felicidad en la segunda parte del libro (cuenta tus bendiciones, prueba cosas nuevas, sueña, celebra a tu pareja, sintonicen sus espíritus y agrega valor a los demás), ¿cuál te parece más desafiante y por qué?

2. Al considerar poner en acción tu plan para la felicidad en tres semanas, ¿qué puede impedir que lo sigas? ¿Qué puedes hacer en este punto para evitar que eso te estorbe?

3. ¿Cuál fue la información más sorprendente o útil que descubriste al leer este libro y por qué?

Conclusión

¿Felices para siempre?

Solo es posible vivir felices para siempre
cuando lo hacemos día a día.

Margaret Bonnano

Estábamos parados en un solar medieval en Lucerna, Suiza. Rodeados por edificios de seis pisos del siglo dieciséis, incluida la antigua torre del reloj del ayuntamiento. Tomábamos fotos como la mayoría de los turistas buscando un lugar para almorzar. «Miren esa antigua droguería», dijo Les. Estaba apuntando a un edificio intercalado entre otras estructuras que no podían tener más de seis metros de ancho. Las dos primeras plantas de la fachada del edificio eran de piedra y presentaban dos ventanas arqueadas en el piso principal, junto con una puerta. La parte superior de la fachada mostraba una pintura desgastada pero meticulosa de un árbol y las cimas de sus antiguos habitantes.

Justo al otro lado del segundo piso sobresalía un pequeño ventanal con una inscripción latina pintada: amor *medicabilis nvllis herbis*. Tomamos la foto y salimos a almorzar.

De vuelta a casa en Seattle, mientras revisábamos las fotos, sentimos curiosidad por la frase latina que tenía la antigua farmacia; por lo que la tradujimos. ¿Qué decía? «*Ningún medicamento puede curar el amor*».

Medita en eso. Ya en el año 1500 sabían que el amor era una enfermedad. Es verdad. Amor, esa palabra de dos sílabas, tan pesada como un latido del corazón, nos hace girar la cabeza. Nos volvemos irracionales. Nos «enfermamos de amor». O, como dijo Shakespeare, «El amor es simplemente una locura». Pero tal vez eso no sea del todo malo, al menos al principio. Según un estudio publicado recientemente en la revista *Psychological Science*, los recién casados más felices son los más... delirantes.

El estudio le dio seguimiento a doscientas veintidós parejas de recién casados durante tres años. A los encuestados se les pidió que calificaran su matrimonio, así como a ellos mismos y a sus parejas en diversas áreas, incluidas la inteligencia, la creatividad y las habilidades atléticas.

Los investigadores compararon las autoevaluaciones de cada participante con las calificaciones del cónyuge y descubrieron que aquellos que tenían una visión exagerada de sus parejas también calificaban sus matrimonios como más felices.

> Solo hay una felicidad en la vida, amar y ser amado.
> *George Sands*

De hecho, los que pensaban así fueron los únicos que no mostraron una disminución en su nivel de felicidad matrimonial. «Las personas más idealistas con su pareja al principio no mostraron disminución en la satisfacción durante los primeros tres años de matrimonio», dijo la autora principal del estudio Sandra Murray, profesora de psicología en la Universidad Estatal de Nueva York.[1]

Sin embargo, aquí está el problema: la mayoría de nosotros no somos muy idealistas por mucho tiempo en el matrimonio. Pronto nos damos cuenta de que nuestro compañero es menos que ideal. Y no siempre nos hacen felices.

Así que escuchen esto: nunca seremos felices ni satisfechos hasta que dejemos de medir nuestra relación real en contraparte con lo que imaginamos que nos haría felices. Es lo que Daniel Levinson llamó la «*tiranía del sueño*».[2] Las semillas de este sueño se plantaron antes de conocer a nuestra pareja. Lo nutrimos a través de nuestras propias imaginaciones. El sueño era casarse con alguien realmente especial y vivir felices para siempre.

Pero inevitablemente, por supuesto, nuestros sueños se esfuman porque no seguimos delirando. El matrimonio no es lo que imaginábamos o soñábamos. Nuestra relación tipo cuento de hadas a veces puede incluso sentirse como una pesadilla.

Nos decimos a nosotros mismos: *Si solo nuestro compañero pensara, sintiera y mejorase un poco, podríamos tener la posibilidad de ser verdaderamente felices.* Pero, como nos recuerda Anias Nin: «Hemos sido envenenados con cuentos de hadas». Nuestros sueños no se hacen realidad. En realidad, los sueños nunca pueden hacernos felices. Porque la aparición temprana del amor delirante no dura. Al final nos desembriagamos del elixir del amor. Eso puede tomar tres años. O más. Pero nuestro sueño de amor idealizado no dura para siempre. Y si seguimos comparando la realidad con los sueños, siempre seremos infelices.

Nuestro sueño delirante es una esperanza superficial y egoísta.

Como dijimos al principio, el matrimonio no está diseñado para hacerte feliz: tú *estás diseñado para hacer que tu matrimonio sea feliz.* Nuestra mayor esperanza en cuanto a la felicidad es mucho más profunda que un sueño ensimismado.

> Solo es posible vivir felices para siempre cuando lo hacemos día a día.
>
> *Margaret Bonanno*

Nuestra mayor esperanza yace en el valor que trasciende al placer. Ese valor lo encontramos en el matrimonio cuando amamos sin intereses mezquinos y hasta de manera sacrificial. Ese es el secreto que nos hace *vivir felices para siempre.*

Reconocimientos

Siempre es un placer trabajar con Byron Williamson, presidente y editor de Worthy. Lo mismo sucede con Jeana Ledbetter, nuestra experta editorial. Leslie Peterson y Kyle Olund pulieron todas las oraciones. Agradecemos a todo nuestro equipo de ventas, marketing y publicidad: Dennis Disney, Morgan Canclini, Alyson White, Betty Woodmancy, Sherrie Slopianka y Troy Johnson. Agradecemos la experiencia de Eddie Thornhill y Kelli Douglas en la producción, con lo que ayudaron a imprimir este libro. Y gracias también a todos en Worthy que trabajan tan duro tras escenarios, David Howell, Susan Thomas y Margaret Brock. No podríamos estar más agradecidos con toda la familia Worthy por permitirnos publicar con ellos.

Como siempre, tenemos una gran deuda con Sealy Yates. No podríamos pedir un mejor agente o amigo. Mandi Moragne, nuestra directora de Awesome Customer Experiences, se preocupa tanto por las personas a las que prestamos nuestros servicios como por nosotros. Janice Lundquist ha manejado nuestra vida en el camino (y más) de una manera que dos viajeros no tienen derecho a esperar o preguntar. Kevin Small, presidente de nuestra organización sin fines de lucro, es increíblemente útil en todo momento. Y Ryan Farmer, junto con su esposa, Kendra, son regalos inimaginables para nuestros esfuerzos. Ryan nos ayuda a mantener un estándar de excelencia sin estremecernos y agrega valor a todo lo que toca. No podríamos estar más agradecidos con él y todo nuestro equipo que ha trabajado tan duro en nuestro nombre. Les debemos un millón de gracias.

Acerca de los autores

Les y Leslie Parrott son autores número uno en ventas de la lista del *New York Times* y fundadores del Centro para el Desarrollo de las Relaciones en Seattle Pacific University (SPU). Les es psicóloga y Leslie es terapeuta matrimonial y familiar en SPU. Los Parrott son autores de *Intercambio*, *La Buena Pelea*, *El padre que quieres ser* y el libro ganador de la Medalla de oro *Asegure el éxito en su matrimonio antes de casarse*. Los Parrott han sido entrevistados por Oprah, CBS This Morning, CNN y The View, además por *USA Today y New York Times*. También son oradores profesionales y han escrito para una variedad de revistas. El sitio web de los Parrott, LesandLeslie.com, presenta más de mil piezas de video bajo demanda que responden preguntas sobre relaciones. Les y Leslie viven en Seattle, Washington, con sus dos hijos.

Notas

Introducción

1. R. E. Lucas, *Current Directions in Psychological Science* 16, no. 2 (2007).
2. Kessler, R. C., McGonagle, K. A. Zhao, S., Nelson, C. B., Hughes, M., Eshlman, S., Wittchen, H. U., and Kendler, K. S. (1994).

Capítulo 1: Empieza a ser feliz

1. http://www.businessweek.com/stories/2008-08-20/they-teach-happiness-at-harvardbusinessweek-business-news-stock-market-and-financial-advice.
2. http://www.upenn.edu/gazette/0199/hirtz.html.
3. Martin E. P. Seligman and Mihaly Csikszentmihalyi, *American Psychologist* 55, no. 1 (2000).
4. Corey L. M. Keyes and Shane Lopez, C. R. Snyder and Shane J. Lopez, eds., *Handbook of Positive Psychology* (Oxford University Press, 2011).
5. William C. Compton and Edward Hoffman. *Positive Psychology: The Science of Happiness and Flourishing*, 2nd ed. (Wadsworth Cengage Learning, 2013).
6. Richard J. Davidson and Sharon Begley, *The Emotional Life of Your Brain: How Its Unique Patterns Affect the Way You Think, Feel, and Live—and How You Can Change Them* (Hudson Street Press, 2012).
7. Jonathan Haidt and Jesse Graham, *Social Justice Research* 20, (2007).
8. Jorge A. Barraza and Paul J. Zak, *Annals of the New York Academy of Sciences* 1167 (June 2009).
9. Andrew J. Tomarken, *Journal of Personality and Social Psychology* 62, no. 4 (1992).
10. «The History of Happiness» by Peter N. Stearns; *Harvard Business Review*; January-February 2012.
11. Quote attributed to Catherine Marshall (1914–1983).

Capítulo 2: ¿Conoces tu factor de la felicidad?

1. http://education.ucsb.edu/janeconoley/ed197/documents/brickman_lotterywinnersandaccidentvictims.pdf.
2. http:// ideas.repec.org/p/zbw/cauewp/783.html.
3. Ed Diener, Jeff Horwitz, and Robert A. Emmons, *Social Indicators Research* 16.
4. Daniel Kahneman and Angus Deaton, «High Income Improves Evaluation of Life but Not Emotional Well-being.»
5. Timothy D. Wilson and Daniel T. Gilbert, *Current Directions in Psychological Science* 14, no. 3 (June 2005).
6. Sonja Lyubomirsky, David Schkade, and Kennon M. Sheldon, *Review of General Psychology* 9, no. 2 (2005).
7. http://abcnews.go.com/Health/story?id=4115033&page=1#.UWPfor8TH8.
8. Bruce Headey, *Social Indicators Research* 97, no. 1 (2010).
9. Sonja Lyubomirsky, *The How of Happiness: A Scientific Approach to Getting the Life You Want.* (Penguin Press, 2008).

10. http://www.scientificamerican.com/article.
cfm?id=the-science-of-lasting-happiness.
11. Martin E. P. Seligman, *Authentic Happiness: Using the New Positive Psychology to Realize Your Potential for Lasting Fulfillment* (Free Press, 2002).
12. http://religion.blogs.cnn.com/2012/11/29/short-takes-gauging-the-impact -of-purpose-driven-life-10-years-on/.
13. The Map of Happiness: World, www.mapofhappiness.com/world
14. Dan Buettner, *Thrive: Finding Happiness the Blue Zones Way* (National Geographic Publishing, 2010).
15. http://www.well-beingindex.com.
16. http://ssrn.com/abstract=2199190.
17. http://news.sciencemag.org/sciencenow/2008/ 12/05-01.html.

Capítulo 3: Cuenta tus bendiciones

1. Adaptado de YouTube.com, Louis CK, «Everything's Amazing and Nobody's Happy».
2. Martin Greenberg, *Social Exchange: Advances in Theory and Research*, ed. Kenneth Gergen, Martin Greenberg and Richard Wills (Plenum, 1980).
3. Robert A. Emmons and Teresa T. Kneezel, *Journal of Psychology and Christianity* 24 no.2 (2005).
4. Michael McCullough, Robert Emmons, and Jo-Ann Tsang, *Journal of Personality and Social Psychology* 82, no. 1 (2002).
5. Melinda Beck, «Thank You. No, Thank You,» *Wall Street Journal*, November 23, 2010.
6. http://www.psychologytoday.com/blog/between-you-and-me/201212/ giving-the-gift-gratitude.
7. Robert A. Emmons and Michael E. McCullough, *Journal of Personality and Social Psychology* 84, no. 2 (2003).
8. http://www.today.com/id/17362505/ns/today/t/are-ya-kidding-me-no-complaints-days/#.UY6q2pUTH8s.
9. Kennon M. Sheldon and Sonja Lyubomirsky, *The Journal of Positive Psychology* 1, no. 2 (2006).
10. Michael E. McCullough, Jo-Ann Tsang, and Robert A. Emmons, *Journal of Personality and Social Psychology* 86, no. 2 (2004).
11 Martin E. P. Seligman et al., *American Psychologist* 60, no. 5 (2005).
12. Stephen King, *Lisey's Story* (New York: Scribner, 2006).

Capítulo 4: Prueba cosas nuevas

1. Daniel Kahneman et al., *Science* 306 (December 2004).
2. W. Richard Walker et al., *Memory* 17, no. 7 (2009).
3. W. Richard Walker, Rodney J. Vogl, and Hailee E. Brown, *International Journal of Humanities and Social Science* 1, no. 8 (2011).
4. Bianca P. Accvedo et al., *Social Cognitive and Affective Neuroscience* 7, no. 2 (2012).
5. Arthur Aron et al., *Journal of Personality and Social Psychology* 78, no. 2 (2000).
6. http://www2.macleans.ca/2012/10/04/the-secrets-to-a-long-life-and-a-bigger-salary-and-why-nice-guys-do-finish-first/.

7. Ladd Wheeler, Harry Reis, and John Nezlek, *Journal of Personality and Social Psychology* 45, no. 4 (1983).
8. Leaf Van Boven, *Review of General Psychology* 9, no. 2 (2005).
9. Sara Solnick and David Hemenway, *Journal of Economic Behavior and Organization* 37, no. 3 (1998).
10. Leaf Van Boven and Thomas Gilovich, *Journal of Personality and Social Psychology* 85, no. 6 (2003).

Capítulo 5: Sueñen juntos

1. Ian Brissette, Michael F. Scheier, and Charles S. Carver, *Journal of Personality and Social Psychology*, 82, no. 1 (2002).
2. Simone Schnall et al., *Journal of Experimental Social Psychology* 44, no. 5 (2008).
3. http://business.time.com/2012/02/29/ how-a-digital-picture-of-your-future-self-can-change-your-saving-habits/
4. *Behavioral Finance in Action* by Shlomo Benartzi at the UCLA Anderson School of Management.
5. Tali Sharot, *The Science of Optimism: Why We're Hard-Wired for Hope,* (TED conference, November 18, 2012, available from Amazon Digital Services).
6. Daniel Kahneman, «Objective Happiness» in *Well-Being: The Foundations of Hedonic Psychology*, ed. Daniel Kahneman, Edward Diener, and Norbert Schwarz (Russell Sage Foundation).
7. Roy F. Baumeister, *Annals of the New York Academy of Sciences* (October 2011).
8. Carla J. Berg, C. R. Snyder and Nancy Hamilton, *Journal of Health Psychology* 13, no. 6 (2008).
9. http://www.fastcompany.com
10. Utaka Komura et al., *Nature Neuroscience* 393 (June 2013)
11. http://seattletimes.nwsource.com

Capítulo 6: Celebra a tu pareja

1. Shelly Gable and Jonathan Haidt, *Review of General Psychology* 9, no. 2 (2005).
2. Natalya Maisel and Shelly L. Gable, *Psychological Science* 20, no. 8 (2009).
3. *Journal of Personality and Social Psychology* 87, no. 2 (2004).
4. Gable et al., «What Do You Do When Things Go Right?»
5. Anthony Scinta and Shelly Gable, *Personality and Social Psychology Bulletin* 33, no. 7 (2007).
6. Shelly Gable and Joshua Poore, *Psychological Science* 19, no. 10 (2008).
7. http://www.prevention.com/mind-body/emotional-health/ what-makes-us-happy?page=4.
8. Kathleen Deveny, «We're Not in the Mood,» *Newsweek*, June 30, 2003.
9. http://www.today.com/id/45604220/ns/today-today_health/t/ generous-couples-have-happier-marriages/#.UZHnipXIYdl.
10. Douglas E. Rosenau, *A Celebration of Sex*, rev. ed. (Thomas Nelson, 2002).
11. Anne J. Blood and Robert J. Zatorre, *Proceedings of the Natural Academies of Sciences* 98, no. 20 (September 25, 2001).
12. http://musicmagic.wordpress.com
13. http://www.livescience.com
14. http://www.livescience.com

15. Kira Birditt, Susannah Hope, Edna Brown, and Terri Orbuch, *Research in Human Development* 9, vol. 2 (2012).
16. http://well.blogs.nytimes.com

Capítulo 7: Sintonicen sus espíritus

1. «The Engagement.» *Seinfeld*. September 21, 1995.
2. David H. Olson and Amy K. Olson, *Empowering Couples: Building on Your Strengths* (Minneapolis: Life Innovations, 2000).
3. Robert J. Sternberg, «Triangulating Love,» in *The Altruism Reader: Selections from Writings on Love, Religion, and Science*, ed. Thomas Oord (Templeton Press).
4. Daniel J. Hruschka, *Friendship: Development, Ecology, and Evolution of a Relationship* (University of California Press, 2010).
5. Christopher R. Agnew et al., *Journal of Personality and Social Psychology* 74, no. 4 (1998).
6. J. P Laurenceau et al., *Handbook of Closeness and Intimacy*, ed. Debra J. Mashek and Arthur Aron (Erlbaum, 2004).
7. Ibid., 43–60.
8. http://www.wilsonquarterly.com/article.cfm?AID=1631.
9. Lisa A. Neff and Benjamin R. Karney, *Personality and Social Psychology Bulletin* 29, no. 11 (2003).
10. John Bowlby, *Loss: Sadness and Depression* vol. 3 of *Attachment and Loss*, ed. John Bowlby (Basic Books, 1982).
11. Jeffrey Kluger, «The Biology of Belief,» *Time*, February 12, 2009.
12. *Time* magazine reported some of the findings.
13. Pamela Paul, «The Power of Uplift,» *Time*, January 17, 2005.
14. http://www.rush.edu/webapps/ MEDREL/servlet/NewsRelease.
15. http://www.loveandfidelity.org
16. Thomas N. Bradbury, Frank D. Fincham, and Steven R. H. Beach, *Journal of Marriage and the Family* 62 (November 2000).
17. John M. Gottman and Nan Silver, *The Seven Principles for Making Marriage Work* (Crown Books, 1999).
18. Ibid.
19. Arthur Aron et al., *Journal of Personality and Social Psychology* 78, no. 2 (2000).
20. Valerian Derlega et al., *Self-Disclosure* (Sage Publications, 1993).
21. Benjamin R. Karney and Thomas N. Bradbury, *Journal of Personality and Social Psychology* 78, no. 2 (2000).
22. Benjamin Vima, *Prayerfully Yours: Quality Prayer for Quality Life* (Trafford Publishing, 2012).
23. Lyubomirsky, *The How of Happiness: A New Approach to Getting the Life You Want*.
24. Margaret M. Poloma and George H. Gallup, *Varieties of Prayer: A Survey Report*. (Trinity Press International, 1991).
25. C. S. Lewis, *Mere Christianity* (New York: Harper Collins, 1952).
26. C. R. Snyder and Shane J. Lopez, eds., *Handbook of Positive Psychology*.
27. http://www.christianpost.com/news/ church-attendance-key-to-marriage-success-researcher-says-33079/ #rlpGtwPGUx1zbE81.99.
28. http://www.cnsnews.com/news/article/ church- attendance-beneficial -marriage-researcher-says.

Capítulo 8: Agrega valor a los demás

1. Lyubomirsky, Sheldon, and Schkade, «Pursuing Happiness: The Architecture of Sustainable Change».
2. Dietrich Bonhoeffer, «A Wedding Sermon from a Prison Cell, May 1943» in *Letters and Papers from* Prison (New York: Touchstone, 1997).
3. http://www.newyorker.com/reporting/2007/12/10/071210fafact_gawande.
4. http://juneauempire.com/opinion/20120115/powermakinglists#.
5. Lyubomirsky, Sheldon, and Schkade, «Pursuing Happiness: The Architecture of Sustainable Change».
6. http://www.christianitytoday.com/ct/2013/june/want-to-change-world-sponsor-child.html.

Capítulo 9: Cómo superar los mayores obstáculos para la felicidad en pareja

1. Eric Aasen, *Dallas Morning News*, March 23, 2009.
2. http://www.mnn.com/ family/family-activities/stories/money-is-at-the-root-of-unhappy-marriages.
3. http://www.theatlantic.com/technology/print/2012/11/ are-your-facebook-friends-stressing-you-out-yes/265626/.
4. Alex Aciman, «The Pursuit of Happiness,» *Time*, July 15, 2013.
5. Paula Szuchman and Jenny Anderson, *Spousonomics: Using Economics to Master Love, Marriage and Dirty Dishes* (Random House, 2011).
6. Annie Van Bergen, *Task Interruption* (North-Holland Publishing, 1968).
7. Excerpted from Edgar A. Guest, «Tomorrow,» *Collected Verse* (Buccaneer Books, 1994).
8. A. Peter McGraw, Barbara A. Mellers, and Philip E. Tetlock, *Journal for Experimental Social Psychology* 41 (2005).
9. Victoria Husted Medvec, Scott F. Madey, and Thomas Gilovich, *Journal of Personality and Social Psychology* 69, no. 4 (1995).
10. http://www.wjh.harvard.edu

Capítulo 10: Tu plan para la felicidad en tres semanas

1. Lyubomirsky, *The How of Happiness: A Scientific Approach to Getting the Life You Want.*
2. Alvaro Pascual-Leone et al., *Brain Topography* 24, no. 3-4 (2011).
3. http://hbr.org/2012/01/positive-intelligence/.

Conclusión: ¿Felices para siempre?

1. Sandra L. Murray, Dale W. Griffin, Jaye L. Derrick, Brianna Harris, Maya Aloni, and Sadie Leder, *Psychological Science* 22 (2011).
2. Daniel J. Levinson, *Seasons of a Man's Life* (Random House, 1978).

¿Navegas por un territorio inexplorado?

El camino que debemos tomar

UNA GUÍA VALIOSA PARA TU TRAVESÍA POR LA VIDA

Francis Chan

Bill Hybels

Eugene Peterson

Gordon MacDonald

¿Alguna vez deseaste que tu vida tuviera un mapa con una ruta bien marcada que te mostrara el camino a seguir? ¿Desearías poder pedirle consejo a un mentor sobre cómo lidiar con los obstáculos? En *El camino que debemos tomar*, trece compañeros experimentados se unen a ti en los viajes de la vida. Autores y pastores como Francis Chan, Bill Hybels, Ruth Haley Barton y Eugene Peterson brindan palabras de aliento, sabiduría y consejo bíblico en cuanto a las circunstancias que nos afectan a todos. Estos mentores espirituales abordan, entre otras, las siguientes cuestiones:

- ¿Cómo descubro mi llamado?
- ¿Cómo vivo cual cristiano en la cultura de hoy?
- ¿Cómo hallar propósito en el sufrimiento?
- ¿Qué pasos puedo dar para resolver conflictos?
- ¿Cómo puedo liberarme de mi ocupación constante?

Todos estamos en el mismo camino, rumbo hacia el mismo destino. Con la ayuda de aquellos que han viajado antes que nosotros, podemos hallar paz y perspectiva en el viaje.

UNA GUÍA VALIOSA PARA TU TRAVESÍA POR LA VIDA

Otro libro de:  www.EditorialNivelUno.com *Para vivir la Palabra*

Le invitamos a que visite nuestra página web donde podrá apreciar nuestra pasión por la publicacion de libros y Biblias:

WWW.EDITORIALNIVELUNO.COM

www.EditorialNivelUno.com

Para vivir la Palabra